陪孩子走过
初中三年

——送给亲爱的初中生

李澍晔　刘燕华　李美晔◎著

虑、多疑、自卑、嫉妒、胆怯……你有过吗？
学、恐惧、网瘾、逆反、早恋……你有过吗？
过、别怕！**这本书会告诉你怎么办!**
醒，自救！**这本书一直贴心陪伴你。**

内蒙古人民出版社

图书在版编目（CIP）数据

陪孩子走过初中三年 ：送给亲爱的初中生 / 李澍晔，刘燕华，李美晔著． -- 呼和浩特 ：内蒙古人民出版社，2018.8

（父母是孩子一生的心理老师）

ISBN 978-7-204-15557-6

Ⅰ．①陪… Ⅱ．①李… ②刘… ③李… Ⅲ．①初中生一家庭教育 Ⅳ．①G782

中国版本图书馆 CIP 数据核字（2018）第 168668 号

陪孩子走过初中三年——送给亲爱的初中生

作　　者　李澍晔　刘燕华　李美晔
责任编辑　孙　超
封面设计　晴晨时代
出版发行　内蒙古人民出版社
地　　址　呼和浩特市新城区中山东路 8 号波士名人国际 B 座 5 层
网　　址　http：//www.impph.cn
印　　刷　三河市海新印务有限公司
开　　本　710×1000　1/16
印　　张　11
字　　数　200 千
版　　次　2018 年 9 月第 1 版
印　　次　2018 年 9 月第 1 次印刷
书　　号　ISBN 978-7-204-15557-6
定　　价　29.80 元

如发现印装质量问题，请与我社联系。联系电话：（0471）3946120　3946173

前　言

在我国，初中生大多是独生子女，由于他们特殊的生活环境和成长环境，特别是年龄处于“青春期”的最敏感的阶段，心理问题显得十分突出，如果家长、学校和社会现在不重视，将会造成严重的后果。

我们认为处于青春期阶段的初中生的心理问题很复杂，原因是多方面的，涉及的问题也很多，集中表现在逆反、自卑、多疑、缺乏自信、没有毅力、缺乏责任心、没有感恩之心、以我为中心、自私自利、贪玩、报复、冲动、自尊心强、早恋、网瘾和性迷茫等，如果不认真加以教育，不有的放矢地采取措施疏导，让其惯性发展下去，可能会导致严重后果。

在全世界范围内，12～15岁（初中生）的人的心理问题日益突出，人们都在关注初中生的心理健康，因此努力研究初中生的心理特点，使初中生保持良好的心理状态，是当务之急。

事实上，一些初中生的心理问题已经很严重了，家长、老师乃至全社会都应高度重视，掌握他们的心理特点，注意引导和研究，使他们成为一个适应社会、适应将来、敢于承担责任、勇于面对一切的人。

这本书以具体案例为主体进行编写，生动性、可读性、实用性、借鉴性强。当孩子在书中看到别人的心理问题时，也自然能查找到自己的心理问题，可以达到自我咨询、自我诊断、自我调理、自我安慰的目的。

目 录

焦虑心理

恐惧心理

嫉妒心理

攀比心理

离家出走与迷恋网络

厌学与挫折心理

报复与轻生心理

胆小怕事心理与痴迷听音乐

网恋与单相思

焦虑心理

1. 中考前怎么也进入不了状态，彻夜不能眠

情景再现

静静今年上初三，平时学习非常刻苦，是一个很懂事的女孩子。今年春节过后，静静马上就面临着中考了，随着作业量的增加和频繁的测验考试，她好像变了一个人似的。以前，静静从来不与妈妈（48岁）顶撞，现在好像吃了火药，经常与妈妈发生激烈的争吵，而且不与妈妈交流了，在家总是板着张脸。以前，静静11点准时睡觉，现在整晚也睡不着，十几分钟就起来去一趟卫生间。妈妈问她是不是生病了，是不是有什么心事，她不耐烦地说："少管我，我爱怎么着就怎么着。"妈妈气得心口发堵，几次委屈地暗自哭泣。

第二天早晨，静静起床后，一副迷迷糊糊的样子，眼睛好像也睁不开，眼角充满血丝。妈妈为她准备的早饭一口没吃，就无精

打采地出门上学了。到了学校，老师讲课时，提示重点内容，她根本听不进去，难点、要点也记不全面，整个人好像没了骨头一样，懒洋洋的。

妈妈以为静静最近作业多，劳累过度所以心情不好，没几天就会过去。可是半个月过去了，静静的行为越来越反常了，后来竟然声嘶力竭地向妈妈提出不参加中考了。看着静静的异常表现，妈妈吓呆了，不知道该怎么办，赶快向学校的心理辅导老师求救。

心理导航

学校的心理辅导老师很负责，立刻找静静谈心。心理辅导老师与静静一起欣赏了半个小时的音乐，静静在音乐声中显得特别乖。突然，静静"哇"的一声大哭着扑进心理老师的怀里，把心里的委屈全部吐露了出来。原来，她最近感到来自四面八方的压力特别大，到学校就是测验考试，老师的表情严肃，也没有任何的自由活动了。在家里，妈妈给的压力更大。静静是单亲家庭，2 岁开始爸爸就走了，她与妈妈一起生活。妈妈对她的关心几乎是无微不至，妈妈自己不舍得花一分钱，却变着花样给她加强营养，从来不舍得让她干一点活，她被妈妈的爱包围着。

今年春节过后，妈妈经常在她面前唠叨："你要不用功考上好高中，将来就考不上大学，你以后也就没有出息了。我们娘俩受的罪还少啊？静静努力吧，给妈妈争光，考不上好学校我们就没脸见人了。"开始，妈妈唠叨静静还能接受，但是后来，妈妈的唠叨就变成了命令，让她产生了一种说不出来的感觉，头昏脑胀。再后来，只要一听到妈妈说话，想到自己万一考不好，就心口发堵，心神不安。夜里躺在床上，妈妈的唠叨就像长了翅膀一样，拼命地往她耳朵里钻，脑子里像发了洪水一样，根本平静不下来。最近，静静经常在想自己万一考不好，妈妈会不会寻短见呢？自己能面对妈妈无微不至的爱吗？于是，静静产生了恐惧心理，根本不敢去考试了，就严肃地向妈妈提出不参加中考了。

心理辅导老师认为：静静面临中考，心理压力已经很大了，每天面对着妈妈的"唠叨"刺激，更加重了她的心理负担。由于年龄小，心理承受能力弱，自己无法排解，产生了焦虑心理，导致行为与情绪异常，必须及时疏导。心理辅导老师从下面 5 个方面入手，很快就使静静恢复了正常。静静愉快地与同学们一起，进入了紧张的复习冲刺阶段。

妈妈的真诚信函

心理辅导老师及时找到静静的妈妈，与她单独谈话，把静静最近反常的言行以及拒绝参加中考的原因原原本本地讲了出来，明确地指出造成静静出现焦虑心理的根本原因就是妈妈本人。妈妈听了很吃惊，哭着说："我把心都给了孩子，怎么能害孩子有了焦虑心理呢？真是冤枉啊，现在我怎么办才能让静静尽快好起来呢？"心理辅导老师首先表扬了静静妈妈对静静付出的"爱"，然后又告诉静静妈妈如何把"爱"转化为学习的动力，而不是压力。不懂儿童心理学的妈妈一下子明白了很多道理，按照心理辅导老师的指点，马上给静静写了一封信。在信中真诚地向静静道歉，希望静静原谅，同时还提出了三个建议：一要互相信任，妈妈信任静静是懂事的好孩子，只要正常发挥，考什么水平，妈妈都高兴；二要互相理解，妈妈理解静静的心情，更理解静静的孝心，希望静静理解妈妈，妈妈现在是更年期，很多话都是无意的，是无意中刺痛了静静的心；三要互相支持，妈妈把静静当成朋友，会无私地支持静静最后的冲刺。静静也要把妈妈当成朋友，因为妈妈没有丈夫，真的很孤单，静静要经常给予妈妈关心。静静看了妈妈的信，顿时感到自己是大人了，好像明白了什么，趴在妈妈的怀里，哭成了泪人，当即表示明天就去上学。

班主任老师的鼓励

心理辅导老师与静静的班主任进行沟通，希望班主任老师既能教学，又能给孩子心理上的关爱。班主任老师很有责任心，调整了自己的教学方式，“蹲”下来与同学们主动交流。班主任老师不把每次测验结果排名了，也没有了严肃的表情，还利用一次很自然的机会与静静交谈，鼓励静静坚强起来，老师和同学们都信任她。班主任还告诉静静：中考的结果不能决定人的一生命运，一个人只要有远大的理想，有坚强的毅力，有不服输的精神，就没有实现不了的目标；一个人要战胜困难，最关键的是要战胜自己，让自己信心十足，成功是给有信心的人准备的；中考只是人的生命长河中的一个小阶段，要坦然应对，只要努力了，拼搏了，结果如何就不那么重要了；妈妈是爱你的，要设法把妈妈的“唠叨”当成冲锋的号角，当成前进的加油站，“唠叨”也是一种爱，要换个角度理解妈妈。班主任还说：“以前我教的学生中，有一个妈妈根本不管孩子，自己抽烟、喝酒、吸毒，最后因偷盗进了监狱，孩子无人管，只好辍学了。相比之下，我觉得你的妈妈真的很有爱心。”听了老师的话，静静感到妈妈真的很爱自己。

课外活动的力量

心理辅导老师积极建议学校调整初三年级的作息时间，加大课外活动量。学校也意识到了天天满堂灌，天天考试，导致学生压力大，学习效率低的问题。于是，根据初三毕业班的特点，学校科学调整时间，大力开展文体活动，静静与同学们有了更多的体育活动。在班主任老师的鼓励下，静静还代表班里参加了学校举办的诗歌朗诵会。静静美妙的诗词朗诵令同学们振奋，大家给她以热烈的掌声。听着同学们的掌声，看着老师慈祥的面孔，静静找回了自信。

同学的妈妈是什么样子呢？

心理辅导老师秘密找来几位女同学，这几位女同学的妈妈平时也爱唠叨女儿，唠叨的一些话甚至比静静的妈妈还厉害。几位女同学坐在一起，毫无掩饰地吐露着内心的秘密。同学甲说：“其实，我把妈妈唠叨的话当成耳旁风，根本不理睬，该怎么考就怎么考，反正将来饿不死我。”同学乙说：“我妈妈不但每天早、中、晚唠叨，有时急了还骂我呢！但我脸皮厚，根本不在乎，只要我全力考试了，结果是什么就是什么，管那么多干嘛！”同学丙说：“我妈妈的‘爱’都让我喘不上气来了，但我才不着急呢！其实，着急也没有用，顺其自然吧。”听了同学们的话，静静觉得自己并不是唯一的“受害者”，同学们的家长都唠叨，同学们能承受得住，自己也没有问题。其实，唠叨也是一种爱，只是表达方式不妥当而已。

风筝带来的快乐

静静妈妈按照心理辅导老师的指点，利用星期天的时间，专门陪静静到附近的山上放风筝。小时候静静就喜欢与妈妈放风筝，现在看到妈妈送给她的漂亮风筝，高兴得开怀大笑，看到女儿久违的笑容，妈妈也笑了。静静看着妈妈平时少有的微笑，真的很开心，从她的内心里不想让妈妈变老，不想让妈妈长白头发。手里拿着风筝，静静回忆起小时候妈妈给自己做好吃的、背着自己去医院看病的情景，感到妈妈是世界上最好的妈妈，感到自己是世界上最幸福的女孩，很快就把“心事”放下了，变得非常平静。

心理专家对老师的忠告

其实，每个学生都希望自己学习好、思想好、身体好，老师要相信自己的学生，了解他们的心，真正地“蹲”下来，以平等的方式与学生交流；要经常与同学进行谈心活动，倾听学生的心声，消除学生的考试压力，给学生创造一个良好的学习环境；要根据学生的心理与生理特点，及时改变教学方法，多以宽松、自主、启发式的方式进行教学；要认真组织同学广泛开展文体活动，定期开展主题班会，让每个同学都有机会展示自己。

心理专家对家长的忠告

家长千万不要把孩子考试焦虑问题看成是小问题，很多孩子的心理问题，如果不及时得到解决，必然会带到成年，对将来的生活也会有负面影响。所以，家长一定要从思想上高度重视起来，自己不知道如何解决的话，可以虚心向专家请教。科学地讲，考试前期要给孩子减压而不是加压，多让孩子参加户外运动，多让孩子听听他们喜欢的音乐，多鼓励孩子参加集体活动，保证孩子充足的睡眠；要注意孩子的饮食营养，粗细搭配，多吃水果，让孩子在轻松的环境中面对考试；要让孩子在“爱”中升华，而不是在“爱”中死亡。

心理专家对初中学生的忠告

初中学生要学会给自己进行心理调适，可以从三点入手。一是正确地认识焦虑，不被困难吓倒，明白人的一生就是与困难做斗争的过程，生活中如果没有困难，反而是不正常的事情。只有挺起胸膛，勇敢地面对困难，生活才有意义。二是把注意力放在解决问题的办法上，遇到问题着急是没有任何用的，只能增添烦恼，反而不利于问题的解决。只要脚踏实地地去解决问题，随着问题的逐一解决，心理压力就会逐渐减少，焦虑状态也就逐步消失了。三是要及时向家长、老师诉说自己的焦虑心理，把引发焦虑的原因倾诉出去，并得到家长、老师的帮助。另外，还要学会暗示自己，遇到着急的问题，要自语“没有事”“还是好人多”“是我多心”等等的话，会起到缓解作用。最后，要善于运用关注点转移法，多参加集体活动，多参加文艺交流活动，在活动中可以使自己心胸开阔，焦虑会逐渐得到缓解，直至彻底消失。

认真回忆一次成功克服焦虑的过程：

2. 他为什么上课就睡觉，还显得很憔悴

情景再现

贝贝今年14岁，读初中二年级，生日快到了，妈妈给他买了一辆山地自行车，他高兴地来回在山地车前面转悠。“明天就可以骑着漂亮的山地车上学了，同学们肯定会羡慕我的。”当天晚上，贝贝兴奋得没有睡好觉。半个月后，妈妈发现了一个奇怪的现象：每到晚上，贝贝总要从自家的6楼跑下去两趟，最多的一晚上下去6次，“走马灯”似的，一晚上几乎不睡觉。第二天，妈妈追问贝贝晚上下楼那么多次干什么去了，贝贝支支吾吾地说睡不着，下去透透气。妈妈心想最近天气是“桑拿天”，闷得要命，下去透气也是正常的，就没有多想。这样又过了半个月，“桑拿天”过去了，贝贝夜间下楼的现象不但没有消失，反而更加频繁了。夜间上下楼梯消耗的体力大，又睡不好觉，贝贝的体重明显下降，白天无精打采的，出现了头昏脑胀、上课睡觉的现象，学习成绩严重下降，看上去总是心事重重的。班主任老师及时把这一情况告诉了贝贝的妈妈，妈妈知道了贝贝的反常行为以后，非常着急，便询问贝贝这是为什么，可贝贝就是

不开口。妈妈担心贝贝发生什么意外，主动向学校的心理辅导老师求助。

心理导航

心理辅导老师并没有责怪贝贝，而是给他放了一首轻音乐。随着乐曲的起伏，贝贝慢慢地开了口。

贝贝：老师，我也不知道为什么，我睡觉时总是感到要出什么事情，有时听到楼下有动静，心中就更加焦虑，还满头大汗，心慌、呼吸急促，根本无法入睡。

心理辅导老师：感到要出什么事情呢？

贝贝：前不久，我们街道有20多个家庭的自行车被盗窃，被盗窃的自行车全是新车，盗窃时间多在人们熟睡的深夜里，我心中总有一种不祥的预感，早晚要轮到自己的新自行车被偷走。晚上只要我上床，就预感到小偷在偷我的山地车，心里难受到无法控制，冷汗直冒。有时想惊叫呼喊，还特别想小便，必须下楼看看山地车才能平静下来。但是，只要我一转身，就又觉得心口发堵，大脑发胀，马上就得回头再看一看自行车，心里才能舒服点。我也不知道该怎么办。

心理老师：你为什么不告诉妈妈，让妈妈帮你呢？

贝贝：嗨！告诉妈妈的话，担心妈妈笑话我没有出息，斥责我。

心理辅导老师认为：贝贝听说街道丢了很多自行车，担心自己的新山地车被盗，心理压力过大，担心过度，引发了焦虑心理，出现了“走马灯”现象，必须从根本上解除心病。

加大治安力度，让人们有安全感

心理辅导老师立即与贝贝的妈妈取得联系，决定一起去当地的派出所报案，把街道最近丢自行车的案情告诉民警，请派出所的民警加强巡查，采取切实可行的措施，加大对盗窃行为的打击力度。接警后，派出所的同志十分重视系列盗自行车案，秘密进行布控，经过三天三夜的缜密侦破，终于把盗窃犯一网打尽。民警收缴了赃物，在街道召开了退还大会，同时搞了一次安全防盗教育。此外，派出所还与办事处一起，制定社区联防机制，大大改善了街道的防护条件，在主要的小区派出保安，并且加强夜间巡逻，还给小区增设了24小时监控的“电子安全眼”，保安人员24小时值班，退休的爷爷、奶奶们戴上红袖章，天天在街道周围巡视。这样一来，贝贝的心基本平静了。

趁热打铁，避免反复

贝贝看到盗窃犯落网了，街道的治安好转了，心里平静了许多，可是，妈妈觉得晚上贝贝还是睡不踏实。为了防止贝贝心理出现反复，按照心理辅导老师的建议，晚上妈妈专门帮助贝贝把自行车搬上6楼，放在家里。这样虽然费事，但是贝贝看到山地车在家，也就不用担心丢失了，焦虑心理也没有继续出现。妈妈还利用饭后的时间，与贝贝下楼散步，看看街道周围的花，听听杂草下面的蛐蛐叫，母子俩开心地聊天，让贝贝的心情放松许多。晚上，妈妈还主动给贝贝讲革命英雄的故事，让贝贝牢记英雄人物的成长历程，懂得英雄们在困难面前，总能以大无畏的革命精神去面对。经过半个月的调理，贝贝的心理逐步地平静下来了。

从根本上解决问题

心理辅导老师与贝贝的妈妈亲切交谈，嘱咐贝贝的妈妈千万不能讽刺孩子，更不能指责孩子的异常行为，要安慰孩子，从心里温暖孩子。贝贝的妈妈按照心理辅导老师的建议，没有责怪贝贝，还表扬贝贝有责任心，知道爱护自己的财产，焦虑也是为了全街道的人不再丢自行车，是有集体荣誉感的好孩子。贝贝不但没有受到批评，也没有受到讽刺挖苦，反而还受到了妈妈的表扬，心里轻松多了。妈妈为使贝贝彻底放心，不再担心丢自行车，避免焦虑心理再次出现，主动到街道办事处提建议，希望街道能修一个有人看管的存车棚。办事处的同志与小区居委会一起，指定一家物业管理公司专门修建了自行车存车处，给街道的自行车建了一个安稳的家。贝贝看着自己心爱的山地车存放在有人看管的存车棚里，风吹不到，雨淋不到，心中感到特别安全和踏实。

经过这几步的及时“治疗”，贝贝的焦虑心理逐渐消失，再没有出现半夜下楼的现象。

心理专家对老师的忠告

老师其实也是学生的父母，老师与学生在一起的时间有时比学生的父母还长。老师平时要注意观察每个学生，看学生的言语有无失常，看学生的行为有无过激，看学生的表情有无沮丧，看学生的情绪有无反常，看学生上课的精力是否集中，要在细微的地方发现学生的异常情况，及早与学生谈心，及时与家长沟通情况，及时与心理辅导老师联系，力争把学生的心理问题解决在萌芽之中。

心理专家对家长的忠告

当发现孩子的焦虑问题以后，家长不要责怪孩子，更不能讽刺挖苦孩子，以防再次加重孩子的心理负担，要给孩子以真诚的安慰，鼓励孩子勇敢起来，给孩子创造一个温暖的家庭环境。当发现孩子遇到的困难自己无法解决时，要耐心地与孩子一起面对，最好以朋友的身份，协助孩子一起解决，一起战胜困难。当发现孩子有心事时，要及时与孩子沟通，了解孩子的内心世界，给孩子一个宣泄的途径。

心理专家对初中学生的忠告

对付焦虑最好的办法就是要学会放松，要把问题看得淡一些。当焦虑即将出现时，及时地暗示自己：事情不会像自己想象的那么糟糕，不要杞人忧天，一切顺其自然，天塌下来有“大个子”顶着呢，着急是没有任何意义的。要时刻给自己信心，坚信世界上还是好人多，好事多，心态平和了，心胸宽广了，也就不会出现焦虑现象了。

认真回忆一次成功克服焦虑的过程：

____

____

____

____

____

____

恐惧心理

1. 出校门前总显得很紧张，双腿发软，呼吸急促

情景再现

珊珊刚上初一，由于父母上班无法接送，只好自己坐公交车去上学，路上要走半个小时。最近，同学们觉得珊珊的行为不对劲，平时好好的，只要一下学，快要走出校门的时候，就一反常态，神色慌张，腿好像迈不动了，还请求同学与她同行一段。但是，同学不与她同路，都婉言拒绝了她的请求。看到同学不肯与她一块走，珊珊有时还着急地小声哭泣起来。

妈妈最近也感觉珊珊怪怪的，下学回家后，心事重重的，脸色难看，写作业也无法集中精力，饭也吃不下，晚上睡觉总是不踏实，经常被噩梦惊醒。妈妈很担心珊珊有什么事，问了几次，珊珊总是摇头说没有什么事情。看着珊珊痛苦的样子，妈妈着急了，赶忙

去学校找老师了解珊珊在学校的情况。老师说珊珊在学校没有特别的问题，就是最近好像消瘦了很多，精神有些不振，上课不能集中精力。

老师主动与珊珊交谈，也没有问出什么情况来。但是在交谈中，老师总感到珊珊好像故意回避什么，但也不好追问，就把学校的心理辅导老师请来帮忙。

心理导航

心理辅导老师利用情绪宣泄法，逐步地使珊珊把内心的话说了出来。原来，前几天的一个下午，放学后珊珊独自回家时，经过一个偏僻的小路，突然，一个“蒜头鼻子”大男孩拦住她，凶神恶霸般地向她要钱，还威胁珊珊说不能告诉任何人，否则就杀了她。无奈之下，珊珊只好从书包里拿出30元钱交给了“蒜头鼻子”。

珊珊本以为破财免灾了，可是过了几天，又在这个偏僻的小路上遇到了拦路的“蒜头鼻子”，又被敲诈去了30元钱。单纯的珊珊仍然坚信破财消灾，没有告诉家长和老师，还是自己强忍着。又过了几天，“蒜头鼻子”又拦住她，再一次向她索要钱，珊珊流着眼泪把兜里的钱全部交给了“蒜头鼻子”。

现在，珊珊的心理压力非常大，只要放学的铃声一响，就害怕“蒜头鼻子”出现，真希望自己能住在学校，或者转学，以避免遭遇勒索，想对妈妈说，又担心“蒜头鼻子”报复自己。

心理辅导老师认为：珊珊在放学回家的途中，多次受到“蒜头鼻子”的拦截与威胁，心理受到了严重的伤害，对“蒜头鼻子”产生了恐惧感。“蒜头鼻子”就像阴影一样，无时无刻不干扰着她，使她的心理压力剧增，无法排解，导致了严重的行为异常，必须认真地予以解决，逐步消除恐惧心理。

抚慰孩子的心灵，告诉孩子解决问题的办法

心理辅导老师感到问题严重，立刻安慰珊珊在遇到“蒜头鼻子”的敲诈时，能保护自己的生命安全，已经很不错了。现在有家长和老师在，有法律的保护，没有必要恐惧什么了，更不能损失了钱财，让心口再次“流血”了。珊珊以为老师会批评或者笑话自己，可出乎预料的是，老师并没有批评自己，还肯定自己能保护生命安全呢，觉得还是心理辅导老师理解自己，一头扑在心理辅导老师怀里委屈地痛哭起来。

等珊珊平静下来之后，心理辅导老师给她梳理头发，认真给她讲了一些处理这类事件的基本办法。一是遇到敲诈的人，要以保护生命安全为第

一任务，人身安全是第一位的，不要脑子发热，更不能鲁莽行事，要在人身安全确实有保证的前提下，采取必要的措施。二是要善于分析问题，镇定自若，不要被敲诈者吓唬住。三是绝对不能自己默默无闻地承受，无论什么情况，都不要因为害怕，委屈地掏钱买平安。掏钱买平安不但解决不了根本问题，还会助长敲诈者的嚣张气焰，客观上起到纵容罪犯的效果。摆脱危险后，一定要及时告诉家长和老师，或向公安人员求救，从根本上解决问题。

家长的安慰与信任

心理辅导老师与珊珊的家长交换意见，把珊珊的情况一五一十地说清楚，希望家长配合治疗。按照心理辅导老师的要求，家长没有批评珊珊，也没有埋怨珊珊为什么不早告诉家长被敲诈的事，而是以最大的爱心安抚珊珊，肯定珊珊很明智，没有与“蒜头鼻子”硬碰硬，避免了不可预见的后果发生。听到家长的肯定，珊珊的疑虑消除了。接着，家长问珊珊想不想彻底结束被敲诈的噩梦，自己有没有什么好办法。珊珊认真地思考了一会儿，提出了两个办法，希望老师和家长帮助选择：一是马上报告派出所的民警，请警察来处理；二是把事情的全部经过告诉家长，让家长来处理。老师与家长当即表扬了珊珊的机智与勇敢，说她的办法很正确。

及时采取正确的行动

心理辅导老师立刻与当地的派出所取得联系，希望民警认真处理，抓住“蒜头鼻子”。派出所民警非常重视，立刻来到学校向珊珊了解情况。根据珊珊的述说，民警立刻对学校附近的可疑人员进行了排查，很快就抓到了“蒜头鼻子”。为了能及时消除珊珊的心理阴影，让珊珊看清“蒜头鼻子”的真面目，警察让“蒜头鼻子”当面向珊珊赔礼道歉，并向珊珊说出了心里话。“蒜头鼻子”惶恐地说：“其实，我在敲诈钱物时，心里也害怕，心虚得要命。”在民警的要求下，“蒜头鼻子”把敲诈的钱通过其家长全部交还给了珊珊。最后，“蒜头鼻子”还因敲诈其他同学，且数额很大，影响极坏，受到了法律的严惩。珊珊看到警察抓到了“蒜头鼻子”，压抑的心逐渐放松了下来，脸上也恢复了以往的快乐神态。

特殊的保护阶段不可少

心理辅导老师根据珊珊的性格特点，为了保证学生的人身安全，积极向学校领导建议组成“路上互助组”，打乱年级界限，把同一居住地的同学组成数个上下学互助组，互相保护，互相提醒，同时告诉学生自我保护的要领与方法，还专门请来了公安局的民警给学生做自我保护的报告，使学生掌握了一定的自我保护知识，初步具备了处理紧急情况的能力。另外，还通过学校广播室大量广播安全预防知识、交通规则以及紧急危险情况的处理知识，让同学们了解正确的解决办法，使同学们增强了自信心。

珊珊看到学校这么重视同学的安全问题，还采取了预防措施，恐惧的心很快就平静下来。

心理专家对老师的忠告

学生对突发问题有时无法做出正确的分析与判断，而且容易造成严重的心理负担。平时，老师应该密切关注学生的心理变化，课上、课间要多观察学生的一举一动，多与学生交流，发现学生有异常的行为，及时给予安慰与关心，并认真科学地进行处理解决。另外，还要及时与学生家长沟通，询问学生在家的情况，做到心中有数。

心理专家对家长的忠告

家长知道孩子被敲诈后，不能讽刺挖苦孩子，更不能粗暴地指责孩子，要给孩子以最大的安慰，让孩子受伤害的心不再继续流血。要与孩子一起研究对策，寻找最佳的解决办法，巧妙地与坏人做斗争，彻底使孩子摆脱因敲诈形成“阴影”，不能让孩子把心理问题带到高中、大学，甚至社会上去。

心理专家对初中生的忠告

当自己在外面活动时，遇到敲诈者的威胁或者是其他突发事件，千万不要害怕，保持镇静很重要，要采取合理的方法解决，以保证生命安全为第一原则。脱险后，千万不能隐瞒实情，更不要背上沉重的心理包袱，及时向老师、家长报告，把真实的情况讲出来，而且越早讲，越有利于问题的解决。紧急时刻，要以最快的时间向警察求救，要灵活机智，不能坐以待毙。

认真回忆一次成功克服恐惧的过程：

2. 遇到大壁虎，吓得昏厥过去

情景再现

一天下午，学校放学早，初一学生梅梅与几个女同学在校门前的草地上跳跳绳，她们的书包放在草地上。1个小时过去了，梅梅准备回家了，她与同学取书包时，拿起书包的一瞬间，突然看到一只令人恶心的大壁虎钻进了书包里面。梅梅吓得把书包扔在了草地上，面色苍白，双腿发软，昏厥了过去。

同学们吓得赶快对她进行“救护”，紧着捶胸拍背，连续呼喊她的名字有3分钟，她才慢慢地爬了起来。清醒后，梅梅一惊一乍地喊：“壁虎在书包，壁虎在书包……”

同学们告诉她壁虎已经爬出了书包，她就是不相信，也不敢拿书包了，无奈之下，一个同楼住的同学帮她把书包拿回家。

进了家以后，家长都不在，同学把书包放在她的书房里就走了。她看着书包，心还是跳个不停，头上冒虚汗，总感觉壁虎还在书包里，马上就要爬出来，梅梅的双腿开始哆嗦起来，脑子嗡嗡直响，眼前仿佛全是壁虎，吓得大喊一声“救命呀”，飞快地跑了出去。

听到梅梅的呼喊声，邻居们急忙跑出来，问清情况后，其中一个胆子大的爷爷，进了她的书房，翻开书包找了半天也没有发现壁虎的影子，可是梅梅仍然害怕得要命。邻居爷爷走了以后，梅梅刚要进书房，又感到有一只壁虎在书包里面，吓得双腿哆嗦，大喊一声“救命”，又跑了出去。

邻居们劝她不要这么紧张，是心理作用，可她就是不敢进家门，邻居赶快打电话通知她妈妈和爸爸。妈妈和爸爸回来后检查了书包，也没有发现壁虎，就拉她进屋写作业，可是她怎么也不进屋，更不敢摸书包。妈妈担心梅梅真吓出个好歹来，就把学校的心理老师请进了家。

心理导航

心理辅导老师问梅梅为什么不敢摸书包，梅梅说脑子里全是壁虎，担心壁虎偷偷地爬出书包，钻进书架里、床下面、被子里，想到这些情况就不由自主地害怕，根本控制不住，特别恐慌。

心理辅导老师认为：梅梅胆子小，突然受到了壁虎的袭扰，受到了严重的惊吓，产生了恐惧心理，必须认真进行抚慰，使其勇敢起来，坚强起来。

学会放松，换脑子

心理辅导老师和蔼可亲地说，其实壁虎与人共同生活在地球上，都是生命，应该是朋友关系，不能排斥它们。现在你的脑子里不要老想着壁虎，要学会放松，大胆地放松，想想大海、蓝天、白云、牛羊、蝴蝶、蜻蜓、小鸟、鲜花、鱼儿、蝌蚪等等，也可以认真地想几件以前最高兴的事，让自己的心情轻松起来。生理实验证实，害怕是由于紧张造成的，只要暗示自己是最勇敢的，什么动物都怕人，就会减少恐惧心理的出现频率。心理辅导老师毫不隐讳地说，现实生活中，很多人有轻微的恐惧心理，也是自我保护的一种条件反射，没有什么大惊小怪的，只要科学对待，不会有什么严重后果发生。以前她也害怕壁虎，慢慢知道了壁虎是益虫，吃蚊子，是药材，觉得壁虎对人的健康有益处，就不害怕了。梅梅听说心理辅导老师以前也害怕壁虎，找到了心理平衡点，紧张的心情松弛了很多。

亡羊补牢，彻底消除隐患

为了帮助梅梅摆脱心理阴影，心理辅导老师建议梅梅的父母对书房及书包里的每个角落进行清查，因为梅梅认为，壁虎可能藏在书架里、箱子里、床底下、沙发下和书包里等地方。梅梅的父母全面地清查了一遍，把床也抬了出去，把所有的书柜、抽屉全部打开，书包翻了个底朝天，让梅梅明明白白地看到每个角落都检查了，确实没有壁虎。同时，心理辅导老师还把学校的生物老师请来，结合照片、图画给梅梅讲解一些小常识，让梅梅知道壁虎的生活习性，知道壁虎是温顺的益虫，一般不会伤人，只是样子有些吓人而已。

陪伴、参观，逐渐恢复信心与勇气

心理辅导老师建议梅梅的家长最近一段时间最好陪伴在梅梅身边，让其感到安全、踏实，不至于过于紧张。平时要经常给梅梅讲解一些壁虎的小常识，注意看电视播放的有关壁虎方面的科普知识，使梅梅逐步认识壁虎，意识到壁虎并不可怕。节假日带梅梅到公园去，主要是看些昆虫、蜥蜴（与壁虎类似的外形），观察昆虫、蜥蜴的生活，观察蜥蜴如何爬，如何吃东西，看管理人员如何饲养蜥蜴，同时请饲养员给梅梅讲一些有关壁虎、蜥蜴的趣事。通过广泛地接触，让梅梅感到壁虎、蜥蜴其实是很怕人的动物，没有什么特殊的地方，只是样子看着恐怖。妈妈还为梅梅买了一个大的毛绒壁虎，梅梅看着毛绒壁虎，高兴地亲吻了一口"壁虎"，没有出现恐惧的行为。

由于心理辅导老师的干预，经过大家共同努力，梅梅再没有出现恐惧壁虎的心理，很快就恢复了正常。

心理专家对老师的忠告

初中生的年龄还小，胆子也相对小一些。平时，要多带领初中生接触大自然，多让学生了解科普知识，特别是生物知识、植物知识等等，从不同渠道去开阔学生的眼界，增长学生的见识。见的多了，掌握的知识多了，自然也就不害怕了。要教会学生最基本的生存技能，有意识地让学生吃苦，只有经历风雨的学生，意志才能顽强起来。

心理专家对家长的忠告

轻微的恐惧很多人都有，不足为奇。现实生活中，一些人对某些动物（蛇、壁虎、毛毛虫、蚯蚓、老鼠等等）有惧怕心理是正常的，但是惧怕超过了一定限度，出现异常的症状，如出汗、哆嗦、心发慌、头痛、恶心、意识失控等等，就是心理异常了，应该及时地加以疏导，不能置之不理，以防止发生不可逆转的情况。家长平时要多观察孩子的行为表现，发现孩子的异常表现后，不要讽刺挖苦，更不能置之不理，因为“吓”也能“吓”出大的问题来。应该及时与老师联系，或者请心理专家帮助解决。

心理专家对初中生的忠告

遇到使自己恐惧的动物或者其他情况后，不要硬撑着，先要暗示自己不害怕，如果不能缓解，坚决不要憋屈在心中。要及时、主动、大胆地向老师、家长说明情况，得到及时的帮助与心理救助，只有及时、彻底地摆脱心里阴影，才能让“心”轻松起来，精神愉快起来。

认真回忆一次成功克服恐惧的过程：

嫉妒心理

1. 同学有了手机以后，心中不是滋味

情景再现

近日，先后有几个初二学生的手机莫名其妙地在课间活动时丢失了，闹得人心惶惶。许多同学为了避免丢失手机，只能把手机挂在脖子、腰带上，课间活动时很不方便。

同学们把丢失手机的事情告诉了老师，老师与学校都很重视，在全班开展了做老实人的教育。在老师分别与同学谈话了解情况时，发现学习委员洋洋的神色不对劲，吞吞吐吐的样子，好像隐瞒了什么。

第二天上学，洋洋悄悄地走进老师的办公室，红着脸说是自己偷了同学的手机，还主动交了出来，请老师转交同学，并愿意接受任何处罚。老师感到意外，因为洋洋学习好，又是学习委员，关心班集体，怎么会干这种事情呢？负责任的班主任老师认为，洋洋偷手机的

问题并不简单，肯定另有隐情，为了保护学生的隐私，班主任及时请来心理辅导老师与洋洋交谈。

心理导航

在轻松的环境中，心理辅导老师与洋洋进行了一次长谈，开始洋洋总是吞吞吐吐的，不作正面回答，后来心理辅导老师采取了“间接引导法”，使洋洋放下了思想包袱，毫不隐瞒地开了口。

原来，洋洋是害怕爸爸打他，他的内心非常痛苦。老师问：“拿同学的手机与爸爸打有什么关系呀？”

洋洋说爸爸要求他每次考试要考第一名，如果有同学的分数超过他，回家就要挨打，一想到挨打就害怕，因为爸爸打人可凶了，他从小就是在暴力中长大的。因为爸爸脾气不好，妈妈几年前就离开了他。现在，老师要求同学多利用课余时间学习，同学们上了初三以后，也知道用功了，充分利用课余时间，使用手机学习英语，交换学习资料，学习成绩肯定会提高，万一超过了自己，该怎么办呀？爸爸的工资不高，不会给自己买手机，看到同学有手机，他心里就不是滋味，特别嫉妒，所以就想破坏同学的学习，这样同学就有烦恼了，也无法使用手机了，成绩也就不会提高了。

心理辅导老师认为：洋洋由于从小受到暴力侵害，没有家庭温暖，对爸爸产生了严重的畏惧心理，害怕同学使用手机后，学习成绩超过自己，从而引发了嫉妒心理与报复心理，应该立即进行心理疏导。

解铃还须系铃人

心理辅导老师非常慎重，为了切实保证洋洋的心灵不再受到打击，急忙与洋洋的爸爸联系。在说明事实的真相后，心理辅导老师严肃地批评了洋洋的爸爸。由于他的家庭暴力，致使洋洋心理畸形，把分数与排名看得过重，希望家长多给孩子温暖，多与孩子沟通，多以温和的方式与洋洋平等相处。学习成绩固然重要，但是不能给孩子太多压力，比起学习成绩来说，身心健康更重要。千万不能顾此失彼，忽视了孩子的全面发展。洋洋的爸爸恍然醒悟，深感自己的问题严重，鲁莽粗暴，不懂得孩子的心理特点，更不懂得家庭教育，自以为严格要求是爱孩子，没有想到会影响孩子的心理健康，还导致孩子的思想道德出现了问题，甚至走向犯罪的边缘。

架起一座沟通的桥梁

心理辅导老师把洋洋带到爸爸面前，在心理辅导老师的授意下，洋洋的爸爸含着眼泪首先向洋洋道歉，真诚地请孩子原谅他过去缺少爱心，采取冷酷、粗暴的管教方式，并表示以后坚决改正。同时，洋洋的爸爸还非常严肃地说明了洋洋“拿”同学手机的问题与自己有很大的关系，接受任何处罚。接着，又和蔼地与洋洋交换意见，指出洋洋“拿”同学手机的严重错误必须彻底改正，再滑一步就是犯罪，希望洋洋以后彻底改正。本来准备挨打的洋洋，等来的却是爸爸的道歉与真诚的理解。他根本没有想到爸爸竟然会含着眼泪向他道歉，心灵受到了一次从来没有的震撼，说了一声：“爸爸，我错了！”接着，一头扑在爸爸的怀里，哭了起来。

尊重是前提，与孩子交朋友是一种良药

按照心理辅导老师的提示，爸爸知道尊重孩子是改善父子关系最关键的一步，于是主动把时间留给孩子，“蹲”下身子，与孩子平等地交流，真正放下了架子，把自己的年龄“减”小。平时，爸爸主动对洋洋嘘寒问暖，给洋洋做可口的饭菜，父子两人以兄弟般的交流方式聊天、玩闹。周末，父亲主动与洋洋外出锻炼身体，打羽毛球、踢足球、玩篮球、打乒乓球、爬山，让洋洋感到父亲的温暖与关爱。洋洋喜欢到小河里玩，爸爸脱下鞋与他一起到河里抓虾、捞蝌蚪、抓小鱼，父子两人很快就融合在一起了，洋洋脸上流露出以前少有的幸福微笑。

感悟集体的温暖，感悟信任的力量

集体的温暖能使人的精神境界得到升华，让人高尚起来；被人信任，可以令人精神振奋，心情舒畅。心理辅导老师建议洋洋的班主任在班里开展“互助＋友爱”演讲活动。同学们通过查找资料，参观历史博物馆，听英雄人物的报告会，写出了生动感人的演讲稿。在演讲会上，同学们通过一个又一个催人泪下，激人奋发的真实故事，受到了深刻的教育。洋洋还感动得几次流泪，出乎意料的是，在演讲会上，洋洋大胆地承认了是他拿了同学的手机，真诚地向同学鞠躬道歉，并希望同学们可以原谅他。老师和同学被洋洋的勇敢与诚实感动了，不仅原谅了他的错误，还祝福他有了“真正”的爸爸。

通过上述措施，洋洋由嫉妒而引发的畸形心理逐步地恢复了正常。他现在与爸爸的关系非常好，爸爸的脾气也改正了。洋洋在班里学习仍然非常认真，还主动帮助同学解答疑难问题，看到同学学习进步，心中特别高兴，看到有同学考试成绩超过了他，他真诚地向同学表示了祝贺。

心理专家对老师的忠告

嫉妒是初中学生普遍的心理问题，要给学生讲明白一个道理，任何人都有轻重不同的嫉妒心理，不要大惊小怪。嫉妒也有积极的一面，积极的嫉妒能激励学生刻苦努力，勇敢地超过对手，实现自己的人生目标。要坚决彻底地杜绝消极的嫉妒，看到同学好就心里不高兴，看到人家的东西新奇，就对人家有看法，甚至不择手段地获取，去诋毁人家，甚至报复人家，这就太危险了，任其发展下去，会导致严重的后果。要鼓励学生自强、自信，培养孩子的爱心，让孩子在集体的环境里明白做人的道理。

心理专家对家长的忠告

家长要清楚心理健康与身体健康是同等重要的，教育孩子时要按照孩子的天性教育，尊重孩子，理解孩子。家长与孩子在人格上是平等的，不要给孩子太大的压力，更不能不考虑孩子的心理承受能力。心理学实验证明：长期在家庭暴力中成长的孩子，心理容易产生畸形，潜意识里会逐步地形成敌意、报复、嫉妒的思维状态，内心深处往往是非常矛盾的，对可能危害自己的问题，往往会采取极端办法，这一点家长要有所察觉，一定要多给孩子温暖，多让孩子享受家庭的爱，心情愉快地过好每一天。

心理专家对初中生的忠告

嫉妒是恶魔，令人痛苦不堪，一定要克服嫉妒。平时要淡泊名利，心胸宽广起来，多参加集体活动，把同学的友谊看得重一点，多献出一点爱心来，嫉妒自然就没有了。客观看待同学的长处，知道人各有长短的道理，不能事事比人家强。要学会把嫉妒转化为向上的动力，虚心学习同学的优点，通过艰苦的努力与正当的竞争，超过同学。

认真回忆一次成功克服嫉妒的过程：

2. 要好的同学全国比赛获奖，从此开始疏远同学

情景再现

14 岁的刚刚与新新是最要好的同学，两人住在同一个小区，还一起参加了少年宫的科技小组，在同一个学校上初二，还在一个班，平时如同亲兄弟一样，可是最近两个人的关系发生了 180 度的大转弯，几乎成了仇人。

一天晚上，刚刚有一些难题不会，打电话问新新会不会，本来新新会，可是他却说自己也不会做。

一天放学的时候，刚刚从后面追上他，准备与他一起走，新新却把刚刚甩在一边，独自回家了。

一天上学的路上，刚刚的自行车车胎扎了，身上没有钱，正好新新骑车过来，刚刚向他借钱，新新却说没有钱，其实他带着很多钱呢，害得刚刚只好推车到学校，上课也迟到了。

一天晚上，刚刚在小区里玩，突然一块石头朝他飞来，他没有防备，石头砸在他的肩膀上，痛得他躺在地上直叫。过了一会，刚刚起来找人，发现一个身影进了 2 单元，特别像新新。第二天，刚刚问

是不是他干的，新新态度生硬地指责刚刚乱怀疑人，还大骂刚刚是“小人”。

心理导航

班主任老师发现新新的情绪反常，就请心理老师帮助解决。心理辅导老师与新新一起散步，并找话题与新新聊了起来，最后聊到了他与刚刚的关系问题，新新毫无隐瞒地把最近的情况一五一十地说出来了。原来，前几天，两个人共同参加了“全国初中生科技创新比赛”，比赛成绩下来后，刚刚获奖了，新新什么也没有得到。看着刚刚手中拿着金光闪闪的奖杯，听着学校老师对刚刚的表扬，看到同学们围着刚刚表示祝贺的情景，新新感到很气愤，觉得自己在比赛中水平也很高，怎么就没有获奖呢？心里很不是滋味，特别不想看见刚刚。妈妈知道他没有获奖后，多次讽刺他没有出息，比刚刚差远了，再也没有给过他好脸色看。现在，他不想去少年宫科技小组了，只要一看见刚刚的影子，内心就有一股无名的怒火出现，甚至还想打刚刚一顿。于是，做出了连自己也不能理解的一些事。

心理辅导老师认为：新新在比赛中没有获奖，看到要好的同学刚刚获奖后的风光情景，同时多次受到妈妈的讽刺挖苦，内心出现了不平衡，嫉妒心理严重，出现了过激的行为。老师与家长必须有针对性地进行教育，科学地对其进行心理疏导，防止发生更加严重的问题。

认清嫉妒的危害

心理辅导老师告诉新新，嫉妒如同恶魔一般，能把人毁掉，使人掉进万丈深渊。但是也不要大惊小怪，谈虎色变。事实上，很多同学曾经有过嫉妒心理，只是轻重程度、表现形式不同而已。嫉妒分积极与消极两类，积极的嫉妒使人产生向上的前进动力，出现“比、学、赶、帮、超”的局面。消极的嫉妒能腐蚀人的灵魂，让人在泥潭中挣扎，做出极端的事情来。

嫉妒是破坏友谊的罪魁祸首，能使同学之间亲密无间的关系出现畸形，相互之间没有了信任与支持。嫉妒会让人感到冷淡与恐惧，同时也会感到孤独与可悲。

嫉妒是导致暴力发生的导火索。个别同学嫉妒之火强烈，对被嫉妒的目标产生仇恨，情绪异常躁动，甚至到了丧失理智的地步，以暴力的方式攻击对方，引发严重的后果。例如：某学校初二学生勇勇，因为自己没有当选班干部，竟然把嫉妒之火烧到了新任班长身上，下学途中竟然用石头把同学打伤。

嫉妒是引发心理疾病与精神疾病的根源。嫉妒心强的人，容易产生心情郁闷、精神萎靡不振的现象，还会出现失眠、紧张、焦虑、报复等心理，严重时还会造成神经衰弱，甚至精神疾病。

嫉妒像怪兽一样，随时随地都可能会出现。要避免嫉妒心理出现，就要加强学习，拓宽自己的视野与心胸。

参观革命史展览

心理辅导老师把新新带到博物馆观看革命史展览，新新看着一幅幅革命者冲锋陷阵的画面，听着讲解员介绍老一辈革命家的战斗历程，还听了一位老革命家现场讲述他们当年的战斗经历、战友情义，懂得了友情与团结是无价的。人贵在有自知之明，与人相处，既要知道自己的优点与缺点，又要看到人家的优点与缺点，取人之长，补己之短才是上策。人只有生活在温暖的集体里，才会觉得生命有意义，才会感到快乐。团结出力量，友谊出智慧，同学在一个学校、一个班里学习，就是缘分，大家应该互相帮助，共同进步。同学有了困难，要尽力帮助，同学有了成绩，要真心为之高兴。共同进步才是当代学生应具备的思想品德。

电脑动画的启示

心理辅导老师把自己设计的电脑动画《嫉妒的下场》让新新看，新新打开动画，发现自己进入了一个动物园，大白兔、梅花鹿、松鼠、马、袋鼠、牛、山羊正在进行爬山比赛，山羊爬得最快最高，始终在第一名的位置，大白兔、梅花鹿、松鼠、马、牛奋力追赶，无奈还是处于下风，袋鼠看到自己拿不了第一名，气得在半山腰上大骂山羊，没有注意滚落的石头，被一块飞滚下来的石头砸中头部，当场死亡。大白兔、梅花鹿、松鼠、马、牛精力集中，灵巧地躲开了滚落的石头，避免了灾难的发生。接下来是在平地赛跑比赛，梅花鹿获得了第一名；在耕地比赛中，牛获得了第一名；在渡河比赛中，马获得了第一名；在穿越树林比赛中，松鼠获得了第一名；在山谷乱石堆里比赛，兔子获得了第一名。

新新看完动画，感悟到了很多东西，认识到嫉妒的危害与每个人都是有他人没有的长处的。

妈妈的态度转变以后

心理辅导老师主动与新新妈妈联系，告诉新新的妈妈现在要以最大的耐心呵护新新，给新新鼓励，不能刺激新新幼小的心灵。新新的妈妈认识到了自己语言使用不当，给新新的心理造成了创伤，改变了对新新的态度。第一步，主动给新新写了道歉信，诚恳地承认了自己使用语言的错误，新新看到妈妈能主动向自己承认错误，心中的压力减轻了许多；第二步，积极的微笑。妈妈彻底改变以前板着脸的样子，每天以微笑面对新新，让新新感到了母亲的慈爱与宽容；第三步，主动交流。妈妈经常与新新交换思想，探讨人生，讨论热点问题，让新新感到妈妈的关爱。

集体团结游戏

心理辅导老师与新新的班主任联系，建议班主任利用班会开展关于团结、互助的游戏。班主任老师结合学生年龄特点，想出了“盲人、瘸子过桥”与“海岛大营救”的游戏。同学们在游戏中知道了在危险时刻，只有团结才能取得胜利，只有团结才能有出路。在游戏中，新新与刚刚恰好分在一组，两个人很快就重归于好，配合得最默契，最后取得了总分第一名。游戏结束后，新新当着全班同学的面做了自我批评，诚恳地向刚刚道歉。刚刚也大度地原谅了新新，两人携手共同学习，开始新的、健康的、积极的“竞赛”。

通过上述措施，新新的嫉妒心理消失了。现在他学习很刻苦，不仅主动与刚刚一起去少年宫科技组搞研究发明，还主动为刚刚提供新的创新思路。

心理专家对老师的忠告

老师在平时的教学中要巧妙地把思想教育融进去，让学生在获得知识的同时，懂得做人的道理，明白豁达的心胸对人成长的重要性。当发现学生有了嫉妒心理时，要主动接触学生，了解嫉妒出现的缘由，尽早把问题解决，不能置之不理。要给学生讲清楚竞争与嫉妒的本质区别，最大限度地为学生创造一个平等的竞争平台，给每个学生以同样的机会。

心理专家对家长的忠告

在没有调查清楚之前，家长千万不能随意发表意见和看法，要用平等的方式与孩子交流，不能无原则地指责孩子，给孩子造成心理压力，更不能让孩子丧失信心，出现心灵的扭曲。家长自己要宽容、大度，给孩子当好表率，让孩子在你身上感悟到团结的重要性，感悟到珍惜友情的重要性。

心理专家对初中生的忠告

要明白一个道理，人和人是有差别的，不能盲目地与人比，更不能把名誉与利益看得过重。看重名利的人，只能是死路一条，是没有任何出路的。要广交朋友，真诚地吸收别人的优点，改掉自己的缺点。要知道团结与合作的重要性，人为地制造分裂，闹意见，最终受到伤害的还是自己。

认真回忆一次成功克服嫉妒的过程：

攀比心理

1. 屋子里到处都是课外教育辅导书

情景再现

走进笑笑的房间，简直是一个教辅书的世界，书架上根本放不下，书桌上、窗台上、抽屉里、床头上到处都摆满了各种英语磁带、数理化辅导教材以及各类试卷。笑笑今年13岁，上初二，学习还不是很紧张，也不知道是怎么想的，见到新版本的复习资料就买，都花了几千元了，可是学习成绩很不理想，名次总是倒数几名。爸爸妈妈劝说她少买点辅导教材，以课本为主，她根本听不进去，仍然购买辅导材料，让爸爸妈妈很苦恼。爸爸妈妈找到班主任老师求援，班主任老师单独找笑笑谈话，笑笑还是我行我素，根本不听老师的劝阻。无奈之下，爸爸妈妈只好找来心理专家帮助解决问题。

心理导航

心理专家以“超女”为话题与笑笑交谈起来，笑笑的话匣子就打开了，逐渐敞开了心扉，把内心的秘密讲了出来。原来，笑笑班里的一个同学学习很好，每次排名都是第一名，老师经常表扬她。同学介绍经验时说，成绩好的主要原因是复习资料多。笑笑认真观察同学，发现同学的书包里真的有很多复习资料。于是，为了提高学习成绩，笑笑也买起了复习资料。只要发现同学有新复习资料，她就要买，而且要买多版本的，数量一定要超过同学心里才觉得踏实。每次同学来笑笑家，都羡慕她复习资料多，她内心因此很满足。由于时间有限，一些复习资料根本看不过来，只是摆设。有时冷静下来后，笑笑也觉得后悔，可就是控制不住自己的购买欲望。

心理专家认为：笑笑为了提高学习成绩，不顾自己的实际情况，盲目与同学比较，任意购买复习资料，形成了购买惯性，造成经济浪费，攀比心理十分突出，需要积极进行心理疏导。

认识危害性

心理专家告诉笑笑，攀比心理对人的进步十分有害，影响同学之间的团结，会给同学之间的友谊造成严重的破坏，甚至成为仇人。严重的攀比心理会使人丧失理智，干出让人后悔的事情来。一些同学盲目比较，贪图虚荣，为了在某些方面超过同学，竟然撒谎向家里要钱，给家庭造成严重的经济负担。有的同学为了实现攀比私欲，甚至明目张胆地抢劫钱财，最终受到法律制裁。还有一些同学在与同学攀比之中处于下风，心中像压了一块石头，终日闷闷不乐，情绪不稳定，出现了精神异常，严重影响了学习，给家庭幸福埋下了苦果。一些同学在与同学攀比中，气愤难平，竟然采用暴力行为，给对方造成了严重的伤害。攀比心理一旦发展下去，会使人失去远大的理想，丧失一个人基本的道德，最终会使自己陷入无限的苦恼之中。

调整学习方式

心理专家给笑笑画了一张“八仙过海图”，耐心地告诉笑笑，其实学习如同“八仙过海”，最终的结果是看谁能安全、快速地过海，而不是看谁的“宝物”多。事实上，学习成绩与复习资料多根本不成正比，关键是科学的学习方法和适合自己的学习要领，外加刻苦与勤奋。你希望与同学比学习成绩，这是好事，可是你不把精力放在积累学习方法上，而是放在与同学比复习资料的数量上，追求“宝物”，等于本末倒置，学习成绩不但提高不了，反而增加你的心理负担，使你越加偏离正确的学习轨道。现在，你最大的希望是想提高学习成绩，我建议你要做好三个方面的事情：一要积极与老师沟通，让老师指出你学习上的关键问题，而后尽快改正；二要静下心来，专心学习，不要与同学比，要与自己比，今天提高了一分，也是你的进步，要自我鼓励；三要与家长好好地谈一次话，希望家长配合你把学习搞上去。

老师注重了心理教育

心理专家与笑笑的班主任单独谈话，希望老师积极配合治疗。班主任老师听了心理专家的话，在平常的教学中，穿插了一些心理教育内容。在适当的场合，老师给笑笑展示才能的机会，让她回答问题，上台解答问题，及时鼓励笑笑的任何一点小进步。老师还多次单独与笑笑在日记里认真交流，把自己的学习方法、经验告诉笑笑，与笑笑说一些知心话，使笑笑知道了提高学习成绩一要刻苦、二要专一、三要吃透基础知识，再多的复习资料，如果不深入地研究，就等于是摆设，没有一点用途。老师教学方式的转变，让笑笑的压力减轻了很多。

同学之间的交流

班主任老师在心理专家的建议下，在学生中经常开展“友谊、进步、互助”的交流活动，每天利用下午课后半小时，同学们互相结成对子，讨论人生，交流学习经验。同学们一天学习很辛苦，根本顾不上说话，现在有半个小时在一起交流的时间，感到很开心，互相说说真心话，讨论学习中的难点问题，互相为对方提出提高学习的建设性意见，大家感到彼此亲切得如同兄弟姐妹。

笑笑以前很少与同学交流，显得很忧郁，现在每天与同学在一起交流，感觉心情好极了，性格也开朗起来，积极主动地与同学说心里话，很快就把自己融进了集体当中。同时，还逐步认识到了自己以前愚蠢的做法，自觉地停止了盲目购买复习资料的行为。

心理专家对老师的忠告

老师在教学中要注意学生的心理特点，每说一句话，每做一个动作，都要谨慎，不能随心所欲，不分场合、时间与地点乱说一气，以免伤害学生的心灵。发现学生有了心理问题后，要以认真的态度对待，积极地帮助学生克服心理障碍，给学生送去精神食粮。

心理专家对家长的忠告

家长发现孩子有了攀比的行为时，一不能着急，劈头盖脸地训斥孩子，这样会加重孩子的心理负担；二不能置之不理，任孩子的攀比行为发展下去，这样会让孩子一步一步地走向泥潭。要及时与孩子沟通，倾听孩子的心里话，帮助孩子找出解决问题的办法，并且要及时与老师取得联系，争取得到老师的帮助与指导；三要主动向心理专家请教，及早找到解决问题的好办法。

心理专家对初中生的忠告

发现自己有了攀比心理后，要下决心，坚决克服，否则容易迷失自我，使自己处于无助的境地。要敢于正确对待差距，承认自己的不足；要始终明白一个道理，人不能与人比，因为每个人的成长经历不同，基本条件也不一样，所以没有什么可比性；要克服虚荣、爱面子的心理，把事情看得淡一些。平时多阅读有意义的书籍，让自己的视野开阔起来；平时要主动与同学交流，打开自己的心扉，让自己阳光灿烂起来。

认真回忆一次成功克服攀比心理的过程：

____

____

____

____

2. 总是闹着换自行车

情景再现

学校门口，初二年级的同学们看着14岁的军军又骑着一辆新款自行车来了，围上去夸赞不已。“这是你的第六辆新车吧，太牛了！我们根本无法与你比。”听着同学们的赞誉声，军军露出满意的笑容，这是今年军军买的第六辆车。新年开始，妈妈给军军买了一辆最新款的自行车，可是没有多久，他发现班里有个同学的自行车款式超过了自己的车，就以自行车不好骑为理由要求换车，妈妈经不住他的软磨硬泡，只好给他买了辆新车，同学们看着他的新车赞叹了好半天。可是没有一个月，他发现班里又有一位同学买了辆新款车，军军就以自行车车轴有问题为由，再次要求妈妈给他换车，妈妈不同意，他就以不上学吓唬妈妈，妈妈担心他真的不上学了，只好又给他买了辆新车，同学们看着他的新车赞叹了好半天。大约两个月以后，他又以各种理由要求妈妈给他换新车，气得妈妈一点办法也没有。如果妈妈不答应，他就以离家出走要挟妈妈，妈妈气得几次心脏病差点犯了。在买完第六辆自行车以后，妈妈实在忍不住了，无奈之下只好请来心理专家，希望心理专家帮助军军解决心理问题。

心理导航

心理专家：你出于什么目的频繁地要买自行车呢？

军军：没有什么目的，就是不想让同学的自行车款式超过我的。只要我发现同学有了新款自行车，我就要买更新的，一定要让同学瞧得起我，不能被同学比下去，那多没有面子呀！

心理专家：瞧得起你又能怎么样呢？

军军：听到同学夸赞我，说我牛、说我家有钱，我心里就特别高兴，愉快的心情无法言表。

心理专家：你考虑到经济问题了吗？

军军：没有，反正我妈妈有钱，不会不答应我的要求的。

心理专家：你考虑到妈妈的心理感受了吗？

军军：我妈妈能有什么感受呢？她是大人。

心理专家认为：军军为了在同学面前有面子，为了让同学羡慕，把买自行车当成了炫耀的资本，出现了严重的攀比心理，行为已经很严重了，必须进行科学教育，同时进行心理疏导。

妈妈与儿子的日常开销表

心理专家没有马上批评军军的攀比行为，而是先与军军的妈妈谈话，仔细询问了一些生活情况，整理出来一份妈妈与儿子的日常生活开销表。妈妈月工资2500元，每月必须要支付电费、水费、煤气费、电话费、物业管理费（300元钱）。一年之内，妈妈鞋没有买一双，衣服没有添一件，化妆品就是普通的常用护肤霜，自己生日也没有过，没有在饭店吃过饭，自行车很破旧，好几双袜子破损后舍不得扔，补了又补，手机是最老款的。妈妈每次生病时，都是硬扛着，不敢请假（担心扣工资）、不敢去医院（担心医疗费贵），只是买点普通的药吃。妈妈也没有看过一次电影，没有买过一本喜欢的书。军军一年之内换了6辆自行车（2400元），买了两块手表（300元），过生日请客（300元），旅游鞋5双（400元），衣服8件（800元），零花钱（600元），手机话费（400元），复习资料（300元），看电影（200元）。

军军看了这份开销表，表情严肃起来，眼睛开始湿润了。他以前根本不知道家里的花销是这个情况，总觉得妈妈挣钱多，应该满足他的要求。看了这个开销表，他感到非常惭愧，觉得对不起妈妈。

放假到农村以后

军军的姥爷住在偏远的农村，心理专家建议军军的妈妈带着军军利用假期去看望姥爷。假期到了，妈妈带着军军去了千里之外的姥爷家。在姥爷家，军军目睹了贫困地区的生活情况。姥爷家用水都十分困难，一点水都要节约下来。姥爷、姥姥、舅舅的衣服很破旧，吃东西不舍得吃，把鸡蛋攒起来换钱。姥爷都 70 岁了，还下地干活。舅舅的孩子上小学，书包很破旧，鞋子也很旧，圆珠笔、铅笔都不舍得买，生日只吃一个鸡蛋。姥姥眼睛花了，还在认真地给家人缝补衣服，坚持烧饭、洗衣服、喂养家禽。闲暇时，姥姥认真地给军军讲老辈人的艰苦日子，讲军军妈妈小时候吃苦的情景，讲军军妈妈发奋学习，考上名牌大学，为全村人争光的事。军军以前根本不知道这些情况，通过亲身体验，从心里感悟到了很多东西，明白了生活的艰辛。

知道爱是互相，知道比什么

心理专家把军军拉到一个公园，一位与军军同龄的同学推着一个轮椅，轮椅上坐着一位中年女性。心理专家告诉军军这是一个令人钦佩的母子，妈妈去年因车祸伤残了，几次想寻死，14 岁的儿子非常懂事，每天安慰妈妈，逗妈妈开心，无论学习多紧张，每天也要推妈妈到公园活动 1 个小时。

妈妈现在逢人就说她是天底下最幸福的妈妈，因为有儿子每天推着她散步。

很多人问她的儿子为什么要天天推妈妈出来散步，儿子坚定地回答说："为了让妈妈活得幸福，为了让妈妈知道她有一个儿子正在与同学们比谁的孝心重呢。同学之间比孝心、比勤俭节约是光荣的事，这是我自觉自愿的行为。"

军军听了这个感人的故事，脑子顿时清醒了，高声喊道："妈妈，我爱你！"

经过心理专家积极干预后，通过大家的共同努力，军军很快就改变了，不仅知道节约了，还知道孝敬妈妈了，再也没有主动要零花钱了。

心理专家对老师的忠告

老师在教育学生的过程中，要让学生知道现在的生活来之不易，要让学生知道同学之间应该比什么、怎么比，逐渐让学生明白做人的道理，让学生更加理性、严肃地规范自己的行为，做一个明事理的学生。

心理专家对家长的忠告

家长发现孩子有攀比倾向后，一要及时对其进行批评教育，帮助孩子树立正确的人生观、价值观，让孩子知道生活的艰辛；二要主动让孩子参与到家庭生活当中，让孩子学会理财，知道挣钱与花钱的关系；三要让孩子有爱心，明白爱是互相的，不能只是以自己的需求为中心。

心理专家对初中生的忠告

要把心思用在学习上，与同学比学习，看谁刻苦钻研文化知识；要与同学比爱心，看谁对班集体、对他人有爱心；要与同学比思想品德，看谁的思想进步，乐于吃苦奉献；要与同学比遵纪守法，看谁是品学兼优的好学生；要与同学比孝心，看谁对父母、对长辈孝顺。

认真回忆一次成功克服攀比心理的过程：

离家出走与迷恋网络

1. 与继父大吵后，三天三夜没有了踪影

情景再现

大军今年上初二，也不知道为什么，已经3天没有回家了，妈妈急得眼睛都红了，姥姥急得高血压也犯了。报警以后，也没有任何音信。第三天的夜间，妈妈呆坐在沙发上，越想越难受，突然，手机响了起来，便急忙跑过去接听，原来是前夫打来的电话。前夫告诉她，大军刚刚找到，现在平安无事，正在他家吃饭呢。听到儿子找到了，妈妈失声痛哭起来，连夜赶到前夫家，追问大军为什么离家出走，大军就是不开口。为了防止大军再次离家出走，妈妈把心理专家请进了家。

心理导航

在心理专家面前，大军很快开了口。原来，大军是单亲家庭，母亲对他特别好，生怕他受一点委屈。前不久，母亲单位的一个叔叔走进了他的家庭生活。以前大军的亲生父亲不吸烟、不喝酒，现在继父吸烟很凶，喝酒也很凶，这让大军非常反感，每天心情都不愉快。一天，大军下学回家，发现亲生父亲送给他的一件工艺品碎了，就去问继父。继父说是不小心碰坏的，不用太在意。大军怒火燃烧，与继父大吵起来，然后摔门离开了家。

心理专家认为：大军对亲生父亲感情很深，对继父的不良习惯有了反感之心，日积月累，心中的不满加重，无处宣泄。特别是当心爱的东西被继父损坏，气愤至极，为逃避现实，便选择离家出走。这需要家长与老师耐心调理、及时教育。

深刻的教训

心理专家没有批评大军，而是给大军讲了一个惨痛事例。一个初中女孩因一点小事与妈妈吵了架，离家出走了。途中被人贩子骗到山区，卖给了一个单身男子。她每天被关在一个黑暗的屋子里，忍受着无尽的屈辱，2年中逃跑了5次，都被抓回来，受尽了苦。后来，女孩被解救回家，欲哭无泪，终日面无表情。妈妈因为女儿出走，晚上无法入睡，得了抑郁症，面容憔悴，整日以泪洗面。一家人的幸福生活彻底没有了。听了这个真实的事例，大军感到离家出走的可怕。

认识危害性

心理专家接着又认真地说，离家出走的危害很大，主要有五点：其一，人身安全得不到保证，容易发生被拐卖事件；其二，造成家庭破裂，家长的年龄都很大了，经不住任何意外刺激了，你只顾自己离家出走了，家长会为此付出巨大的牺牲，甚至是生命；其三，干扰正常的生活、工作与学习，离家出走以后，整个家庭的生活秩序会被打乱，长期失望而归，会使全家人陷入无限的痛苦之中，甚至会把家庭毁掉；其四，一个人盲目地走动，饮食、休息、卫生都不正常了，容易生病，甚至出现生病后无人知晓得不到及时治疗的情况；其五，给同学、学校带来负面影响，同学知道你离家出走后，心情也会很沉重，老师和学校肯定着急，分散了大家的精力，一定程度上也会干扰同学们的学习。听完心理专家的话，大军认识到了离家出走的危害性，对自己的贸然出走感到后悔。

继父的诚恳态度

心理专家与大军的继父认真交谈，教给大军的继父很多协调家庭关系的技巧。大军的继父认识到了自己的言行有些过分，只管自己抽烟、喝酒，没有注意大军的感受。于是，在心理专家的调节下，继父悄悄地买了一份精美的礼品送给大军，并真诚地与大军交流，还做了自我批评。以后的日子里，大军的继父特别关注孩子的生活、学习与兴趣，他发现大军喜欢打乒乓球，就主动约大军去体育馆打乒乓球，还进行比赛。通过打乒乓球，两个人的关系逐渐紧密起来，距离感逐渐消失了。有时像父子、有时像朋友、有时像兄弟，其乐融融。

老师的正面教育与家长的沟通信件

大军回到教室继续上课以后，老师没有批评他，而是结合教学开展了“理解与责任”的大讨论。同学们通过演讲、小品、独幕剧等表演形式，把“理解与责任”表述得很清楚。老师要求家长给学生写一封青春寄语的信，并利用“青春生日会”，把家长的信拿出来，一一由本人朗读。家长用真诚的语言给孩子写出了祝福的话语，学生以前没有听到过家长的真心祝愿，通过信的方式读出来以后，内心的情感真心流露出来，使学生内心深处受到了强烈的震撼。大军的母亲在信中说：孩子，今天是你的生日，你真的长大了。看着你的个子一天一天长高，看着你的每一个进步，妈妈与爸爸是多么的欣慰啊！因为有了你，妈妈才感到自己是世界上最幸福的女人。大军听到这，已经泣不成声了，他感到父母非常爱自己，觉得自己已经长大了，应该自立、自强、自爱。

经过心理专家的积极干预后，通过这几步的治疗，大军的思想转变很大，对母亲、对继父的态度有了根本性的转变。

心理专家对老师的忠告

学生进入青春期以后，心理变化很快，有时让人琢磨不透。老师应该适时地引导学生，注重学生的生理与心理健康教育，广泛开展有意义的集体活动，在活动中达到教育学生的目的。老师要教育学生离家出走是很严重的错误，危害与后果难以预测，要想方设法让学生通过自身的学习，受到启示，思想得到升华。

心理专家对家长的忠告

孩子进入青春期以后，独立的思想个性逐渐形成，个性也会逐步地表现出来，对抗性也会随之强烈地表现出来。家长要了解孩子的心理特点，不能专制，更不能不尊重孩子的心理感受，做出一些令孩子失望的事情，说出一些伤害孩子自尊心的话语。家长要密切关注孩子的心理变化，善于与孩子进行心理上的沟通，改变与孩子交流的方式，与孩子交知心朋友。发现孩子有离家出走的征兆，要及时采取安抚措施，必要时请心理专家帮助解决问题。

心理专家对初中生的忠告

生活中会遇到各种复杂的矛盾，有时矛盾的复杂性还会令人一时想不通，要努力锻炼自己的心理适应能力，提高自己的心理素质。随着年龄的增长，学生要学会理解父母、老师与他人，知道他们为了家庭、为了你的学习，尽心尽力，很不容易，要主动与父母、老师、同学多交流，主动向他们说说心里话，以真心换真心，在交流中得到温暖、得到教育。任何时候，都不能赌气，图一时的快乐，发生离家出走的行为。

认真回忆一次成功克服离家出走心理的过程：

2. 为了得到99个“美女”，24小时挂在网上

情景再现

学习这么紧张，上初三的小海已经一天一夜没有回家了，妈妈发动了全家所有的亲戚寻找，也没有找到。正在着急之时，医院突然来了电话，说小海在医院抢救室抢救，需要家长签字。全家人马上赶到医院，看着躺在急救床上的小海，大家十分焦急。医生告诉他们，刚才几个年轻人把小海送来就跑了，医生在小海的书包里发现了家庭电话，才与家人联系上。小海被诊断为摔伤造成的脑出血，有生命危险。经过紧急抢救，小海脱离了危险。医生建议小海出院后要好好休息，不能熬夜，不能过度用脑。

小海出院以后，在家坐不住，以散心为借口，偷偷地去了网吧。妈妈悄悄跟踪发现了他的去向，气得把他拉回家，问他上次是不是去了网吧。他不但不开口，还把自己关在房间里，谁也不让进。妈妈担心小海发生意外，赶快把心理专家请进了家。

心理导航

心理专家运用兴趣疏导法，让小海说出了事情的经过。原来，小海的父母工作很忙，平时只顾忙生意赚钱，根本不与他交流，他感到非常孤独，就对电脑网络产生了兴趣。前不久，他一个人在家写完作业，觉得无聊，就去了附近的一个网吧。在网上玩游戏觉得非常刺激，激战几个小时后，战绩非常好，得到了很多“美女”，越得的多，就越不舍得离开电脑屏幕，最后一直坚持“战斗”，取得了大胜利，差一个就成了大赢家（99个“美女”）。此时，小海的脑子里已经没有时间的概念了，厕所也不想去了，水也顾不上喝一口，连续24小时激战。突然，小海感到眼前一黑，失去了知觉，摔倒在地，头正好碰到了一个坚硬的东西，起了一个大包。

心理专家认为：由于小海没有家庭温暖，小海在网络游戏中找到了“温暖的家园”，寻找到了快乐，网络游戏成了他的精神支柱，出现了严重的迷恋网络心理，必须及时地教育与疏导。

父母的改变

心理专家与小海父母进行了交谈，希望父母要真心地关心孩子，而不是只给孩子钱。小海的父母认识到了自己在教育孩子上的错误，按照心理专家的意见，制订了一个教育孩子的阳光计划。一是每天以轻松的方式与孩子交谈 30 分钟，了解孩子的学习、生活与其他情况，让孩子把心中的烦恼、需求倾诉出来，时时感受到父母的爱。二是与孩子一起进行课外活动，根据孩子的爱好（摄影），利用周末的时间一起去户外摄影，提前讨论摄影的主题。一家人通过摄影活动，感情融洽了。在摄影过程中，小海明白了很多道理，感受到了父母的爱。三是改变与孩子说话的方式与口气，以前父母与小海说话总是以教训的方式进行，让小海很反感。现在，妈妈和爸爸与他说话总是以平等、商量、鼓励的方式进行，让小海感到自己与家长是平等的，人格地位得到了尊重。四是一起进行户外运动，爬山、跑步、打球、滑雪，一家人十分快乐。五是全家定期看望姥姥、姥爷、爷爷和奶奶，既尽了孝心，又让小海回忆童年的快乐生活，因为小海是姥姥、奶奶带大的，感情很深。

健康使用网络

小海现在很后悔自己上网玩游戏，发誓以后不上网了。心理专家告诉小海，其实电脑网络给人类带来了很多的便利，在网上查阅资料方便，利用网络学习能提高成绩，拓宽知识面，还能掌握现代计算机知识。只有科学地利用网络，才能发挥网络的真正作用。健康使用网络要注意以下几点：一是上网时间，学生上网，每次最好控制在1个小时以内，时间不能太长，过长的话会造成眼睛疲劳，大脑劳累，损害身心健康；二是上网内容要严格审查，要读健康的内容、与学习有关的内容，绝对不浏览不健康的内容。

乐趣的钥匙掌握在自己的手中

心理专家告诉小海，乐趣是人的一种感觉，乐趣的钥匙永远掌握在自己手中。有些同学有自己的独立房间，学习条件优越，可是并不快乐；有些同学没有自己的独立房间，学习条件很艰苦，但是很快乐。人要知道爱，爱身边的人，爱身边的事，爱大自然。爸爸妈妈工作忙，没有时间照顾你，但是你可以照顾妈妈爸爸呀，经常给他们打电话，嘱咐他们注意身体，主动向他们汇报你的学习与生活情况。平时要多读有意义的书，读先进人物的书，从先进人物身上学习如何做人，如何做事。有一个与你同岁的学生，她身有残疾，父母下岗，生活很困难，可是她生活得很乐观，很充实，不仅学习好，品德也好，长年坚持为一个双目失明的老奶奶读报纸，老奶奶因为她的读报声而快乐，乐观地生活着。一个人要找到健康的快乐点，把爱奉献给社会，奉献给需要帮助的人，这样的话，你就有快乐了。

参加学雷锋小组

心理专家与小海的班主任老师交换意见，建议班主任老师开展人生观教育。班主任老师利用学雷锋日，号召同学们开展学雷锋活动，为社会做些有意义的事。小海自愿参加了学雷锋小组，主动到社区帮助老爷爷、老奶奶学习英语。小海与同学们利用周末，来到居委会，耐心、热情地教英语，看到老爷爷、老奶奶的进步，他心里有说不出的喜悦，真正感受到了奉献才能得到真正的快乐。一次，一位积极学英语的老爷爷生病了，老爷爷希望能继续学习，小海主动承担教学任务，利用晚上的时间，到老爷爷家去教，直到老爷爷学会为止。老爷爷夸赞他是好学生，是现代中学生的榜样。小海心中感到无比的快乐，觉得帮助别人，才是自己应该做的事。从此以后，小海的思想境界提高了，学习也更加刻苦了，成了品学兼优的好学生。

心理专家对老师的忠告

老师是学生心中最尊敬的人，老师的一言一行都会影响学生的行为与思想。在学生成长发展的关键时候，老师应该认真把握住学生的思想教育这一关键环节，通过各种形式，使学生的思想觉悟不断提高，明白人生的意义。在网络的问题上，老师应严肃地告诉学生该怎么做，不该怎么做，让网络成为学生的助手，而不是引导学生陷入深渊的“吸铁石”。

心理专家对家长的忠告

孩子迷恋网络的一个重要原因是缺少家庭快乐和家庭温暖，家长不能只是看到孩子上网迷恋游戏，要透过现象看本质，从自身找原因，看自己对孩子是不是关注了？是不是从内心关心孩子了？是不是给孩子创造了一个美好的心灵家园？要关注孩子的心灵成长，让孩子感到父母的爱就在身边。父母要给孩子做好榜样，健康上网。

心理专家对初中生的忠告

在网络中寻求快乐是得不到真正的快乐的，虚幻的快乐只能给自己带来更大的虚幻。要面对现实，在现实中积极靠近自己的理想。要让自己的每一天都过得充实，过得有意义。要把乐趣与实现远大理想结合起来，要为父母着想，替父母分担忧愁，与父母成为知心朋友。

认真回忆一次成功克服迷恋网络的过程：

厌学与挫折心理

1. 写作业时就觉得太阳穴疼痛难忍

情景再现

小鹏今年15岁，升入初三以后，也不知道为什么，写作业时总感到头痛，有时觉得太阳穴那里有什么东西向里钻个不停，根本无法写下去。

妈妈很着急，怀疑小鹏的脑子里长了瘤子，就带她去医院检查，做完检查以后，什么也没有发现，一切正常。由于小鹏不能完成作业，学习成绩下降很快，老师多次找她谈话，也没有效果。妈妈被小鹏气急了，逼着小鹏写。小鹏为了糊弄妈妈，竟然在写作业时画了很多漫画。后来，小鹏竟然提出不想上学了，理由是一上学就感到太阳穴疼，无法专心听讲。

小鹏的妈妈感到了问题的严重，害怕小鹏出大事，就带她去看心理专家。

心理导航

心理专家运用亲近交流法，与小鹃交谈起来。原来，小鹃的心理压力很大，升入初三以后，妈妈为了能让她考入重点高中，天天逼迫她“超额”完成作业，把其他学校历年的考试卷统统找来，要求小鹃必须认真做完。放学回家后，小鹃几乎没有其他时间干别的，始终把自己埋在作业与卷子中，心情十分压抑，感到没有任何前途。后来，发展到看到卷子就头疼，疼得难以忍受，记忆力也明显下降，真的写不下去了。由于学习成绩下降，老师经常批评她，同学也冷嘲热讽，她感到在学校没有面子了，学也不想上了。

心理专家认为：小鹃的妈妈给她的无形压力很大，不良情绪淤积，无法宣泄，致使小鹃的内心已经无法承受，失去了学习的兴趣，对写作业、上学产生了厌恶心理，需要采取科学的方法进行疏导。

重新布置房间

心理专家观察了小鹃写作业的房间，发现了几个问题。一是房间朝西北，光线严重不足，没有房顶灯，显得很昏暗，使人没有精神。二是房间的颜色是冷色调，时间一长，容易使人产生寂寞感。三是窗帘的图案是发暗的群山，使人压抑。四是家具布局不合理，家具太多，没有活动空间，使人产生厌倦感。五是通风不好，房间的塑钢窗户几乎不开，经常使用空气清新剂（化学物质），致使房间的空气污浊，大脑长期缺氧，使人产生疲倦、烦躁与厌恶心理。

心理专家建议小鹃科学使用房间，把房间科学地布置好，给自己一个健康、绿色、温馨的独立空间。一是经常通风，每天上下午各 60 分钟，保持空气对流和空气的新鲜，给人以清醒感；二是更换照明灯，安装暖色调的房顶灯，使房间的光照符合标准，给人以振奋感；三是更换窗帘，把窗帘换成明快的图案，使人兴奋，给人以精神激励；四是撤去一些不必要的家具，给自己的空间增大，使人感到宽阔、舒服。

按照心理专家的建议，小鹃认真布置了房间，还真的觉得心情舒畅了很多。她惊奇地说："原来，房间的颜色、布局、通风、采光与照明，与情绪有这么大的关系呀！"

户外活动 30 ~ 50 分钟

按照心理专家的建议，下学后，小鹃不宜马上写作业，而是先到门口的小公园里运动 30 ~ 50 分钟。小鹃的爸爸陪着她跑步、跳绳、打羽毛球、踢毽子，全身感到微热以后再回家写作业。爸爸与她还进行了踢毽子比赛，每次比赛十分投入，谁也不示弱，父女俩玩得特别开心。慢慢地，小鹃觉得生活很有意思，户外活动使她接触到了大自然的新鲜气息，特别是在公园里看到老爷爷、老奶奶们常年坚持锻炼，以乐观的态度面对人生，让小鹃受到了感染。回家以后，妈妈再也不逼迫她写作业、做卷子了，而是问寒问暖，给她准备好水果，做她最喜欢吃的馄饨。小鹃的情绪逐渐缓和了，慢慢地对学习又产生了兴趣。

老师与同学的变化

心理专家与小鹃的班主任进行了深刻交谈，提出了几点建设性的意见。班主任老师非常有责任心，针对初三学生的心理，及时调整教学思路，在督促学生学习的同时，注重心理疏导，给学生减压，使学生的情绪处于良好的状态。首先开展了人生观的大讨论，使学生们清楚了为什么学、学什么、怎么学，使学生的头脑中树立起明确的、远大的目标。其次是开展了学习交流活动，同学们一起交流学习心得，讨论学习体会，研究学习方法。小鹃在与大家的讨论中，心灵得到了启迪。

通过心理专家的干预，经过大家的共同努力，小鹃的厌学问题得到了解决。

心理专家对老师的忠告

老师如果能在教学中把心理教育结合进去，将对学生保持乐观的学习态度十分有帮助。其实，心理教育是贯穿整个教育全程的一门必修课，是保证学生身心健康的关键，不能视为可有可无的东西，要结合学生的各个阶段，科学地进行心理教育。

心理专家对家长的忠告

家长千万不能逼迫孩子学习，更不能在语言、行动上给孩子刺激，造成无形的压力，出现对学习的厌恶心理。家长要根据孩子的年龄，让孩子有足够的户外运动时间，让孩子多接触大自然，按照孩子的天性引导孩子成长。家长要自己多学习，经常读书，远离麻将桌和电视，给孩子做个好榜样。

心理专家对初中生的忠告

如果你对学习有了厌恶情绪，不要丧失对学习的信心，一定要积极地改善自己的学习环境，按照自己的方式与习惯给学习增加兴趣，主动与同学交流，向老师倾诉心声，得到大家的理解与帮助，最终使自己坚强地“站”起来，勇于接受各种挑战。

认真回忆一次成功克服厌学心理的过程：

2. 没能进英语实验班的女生

情景再现

初一结束后，进入初二前，学校根据历次考试分数分实验班、英语实验班和普通班。小欣平时英语成绩很好，自己也特别喜欢英语，初一期间，因为几次考试前生病，没有发挥好，成绩不理想，最终没有被分到英语实验班。她感到很痛苦，也很失落，觉得自己没有前途了，再也不想学英语了，每天只想着玩，基本上不怎么看英语书了，英语成绩迅速下降，在普通班里也只处于下游状态。

妈妈和爸爸安慰她，说上不上英语实验班没有关系，关键是看自己的努力，是不是下功夫学英语了。她听不进去，对英语一点兴趣也没有了。英语复习资料一大堆，小欣根本不去看，宁肯睡觉也不背单词和句子。

妈妈主动与班主任老师取得联系，希望班主任老师帮助解决小欣学英语的问题，班主任老师主动找小欣谈话，可是小欣态度很坚决，就是不愿意学英语了。班主任老师感到小欣不是单纯地不学英语的问题了，而是情绪问题，立刻请来了心理辅导老师帮助小欣。

心理导航

心理辅导老师把小欣带到一盆鲜花前观察，两只可爱的螳螂在花朵上嬉戏。小欣最喜欢螳螂了，表情立刻轻松起来，很快就把心中的秘密说了出来。原来，小欣以前特别喜欢英语，分班前感到百分之百能进入实验班，可是结果却没有她。看见平时英语成绩不如她的同学进了英语实验班，小欣感到很受打击，还被已经进了英语实验班的同学耻笑，内心很委屈、很郁闷，所以不愿意继续学习英语了。

心理辅导老师认为：分班前，小欣对进入英语实验班充满信心，但结果却令她失望，她受到了严重挫折，需要家长与老师的鼓励和引导，激发小欣内在的斗志。

认识挫折、战胜挫折

心理辅导老师耐心地给小欣讲了关于挫折与成长的问题，使小欣明白挫折是什么，人为什么会遇到挫折，怎么战胜挫折，知道了挫折是每个人成长过程中都会遇到的，谁也无法逃避。如果不能正确认识挫折，不能正确对待挫折，不能勇敢地战胜挫折，将来会一事无成。人的可贵之处就在于不断地战胜挫折，享受奋斗的快乐。挫折其实是只拦路虎，你弱它就强，你强它就弱。同学们有谁愿意在挫折中败下阵来呢？谁也不愿意，因为谁也不愿意当逃兵，当逃兵最可耻。听了心理辅导老师的话，小欣的思想深处受到了触动。

发明家的挫折

为了帮助小欣，心理辅导老师找来几个讲世界著名发明家成功秘诀的视频陪同小欣一起观看。小欣看到伟大的发明家们为了人类的文明和进步，刻苦研究，夜以继日地试验，失败了无数次，经历了人们难以忍受的磨难，终于获得了成功。小欣眼界大开，很受感染，知道了挫折在某种程度上并不是坏事，是激励人前进的动力，是实现伟大理想的加油站，是成功的母亲，是检验人意志的试金石。

英语老师的鼓励

心理辅导老师与英语老师交换意见，希望英语老师与小欣谈一次话，鼓励小欣战胜挫折，重新找回学英语的自信。英语老师很喜欢小欣，主动找小欣交谈，表扬小欣发音好，书写标准，很有英语天赋，虽然没有进入英语实验班，可是水平并不比英语实验班的同学差。听到了英语老师的表扬，小欣感到自己受到了尊重，逐渐对英语有了兴趣。英语老师在以后的教学中，有意识地鼓励小欣，巧妙地叫小欣发言，适时地表扬。很快，小欣就找回了学英语的自信，每天主动学习了，主动向英语老师问作业题，成绩提高得很快。

提示语的重要性

心理辅导老师与小欣一起写了很多提示语，主要内容是：挫折是拦路虎，欺软怕硬；挫折是前进的动力；挫折是人生必须经历的课程；挫折是考验人意志的试金石；没有挫折，哪有成功；挫折能使人清醒、发奋和坚持。提示语张贴在小欣家的客厅里、门上和镜子上，让小欣天天看，时刻受激励。

通过心理辅导老师的干预，小欣对英语重新有了感觉，现在学习英语很刻苦，成绩超过了英语实验班的一些同学。

心理专家对老师的忠告

老师在教学中，要根据学生的心理特点，实施快乐教学，在敏感的问题上，如公布考试成绩、分班、排名等，不要给学生造成心理压力和负担，知道学生遇到挫折以后，要给学生鼓励和温暖，科学引导学生战胜挫折，树立信心，不能灰心丧气，一蹶不振。要走进受挫折同学的内心世界，知道他们为什么受挫折，而后采取切实可行的办法，帮学生出主意、想办法。

心理专家对家长的忠告

家长要给孩子创造温暖、和谐的家庭环境，不要逼迫孩子学习，要告诉孩子为什么学习、怎么学习，解决了学习目的的问题以后，一切都好解决了。发现孩子遇到挫折以后，不要训斥，要鼓励，及时与孩子沟通，与老师沟通，帮助孩子及早战胜挫折。

心理专家对初中生的忠告

要善于对挫折进行分析，找出挫折的根本，而后加以解决。要挖掘自己的潜质，坚定信心，立大志、立长志，相信勤能补拙的道理。要主动与人倾诉，把心中的烦恼与老师、家长、同学说一说，不要憋在心里。

认真回忆一次成功克服挫折的过程：

报复与轻生心理

1. 气门芯总是被人偷偷地拔掉

情景再现

近日，不知道是为什么，同学们自行车的气门芯总是被人悄悄地拔掉，闹得人心惶惶，学习也学不踏实。许多同学上晚自习，本来回家就晚，取车时发现自行车气门芯没有了，只好推车回家，气得再也不愿意上晚自习了。校领导和班主任老师也着了急，让传达室值班的同志加强巡察。传达室的叔叔连续几日暗中观察，也没有发现是谁干的。

平静了几天后，一天中午，传达室的叔叔偶然发现了悄悄拔气门芯的人，原来是初二（2）班的班长东东。门口值班的叔叔糊涂了，他怎么也想不明白为什么这么好的学生会拔同学的自行车气门芯呢？为了保险起见，也为了保护同学的隐私，传达室的叔叔没有声张，偷偷地告诉了东东的班主任老师。

班主任老师感到很意外，因为东东学习好，又是班长，平时很关心班集体，怎么会干这种事情呢？

班主任老师认为拔气门芯的问题并不是简单的事，立刻找东东谈话，东东却不承认。无奈之下，班主任老师把心理辅导老师找来，帮助东东解决思想问题。

心理导航

为了不给东东压力，心理辅导老师采取了音乐交流法，让东东紧张的心平静下来。东东看到心理辅导老师很慈祥，也很宽容，就毫不隐瞒地开了口。原来，东东的自行车前几天被人扎了，推着自行车回家，耽误了吃饭。爸爸知道他的自行车被扎后，告诉他不能吃亏，要以牙还牙，去扎同学的自行车。他觉得是班里反对他的同学扎的，因为他是班长经常管人，无形中伤害了很多同学。他主动问了几个同学关于扎自行车车胎的事，同学都说不知道。为了报复同学，东东只好采取以牙还牙的办法。看着同学推自行车回家沮丧的样子，东东心中的恶气算是出来了。

心理辅导老师认为：由于东东的自行车被扎，无端怀疑是同学扎的，受爸爸的不良语言的诱导，产生了报复心理，对此，应该及时进行心理疏导和教育。

爸爸做深刻的自我批评

心理辅导老师立刻与东东的爸爸交换意见，严肃地批评了东东的爸爸讲话不负责任，怂恿孩子去扎同学的自行车车胎，闹得同学们不能安心学习，还使东东的心理畸形。同时希望东东的爸爸承认错误，及时安抚心灵受伤的东东，让东东明白做人的道理，不能再执迷不悟了。东东的爸爸猛然醒悟，没有想到自己随口说的一句话，结果却是这么严重，痛恨自己平时不爱学习，不懂得儿童心理，更不懂得家庭教育，影响了孩子的身心健康。当即，东东的爸爸诚恳地向东东承认错误，解释当时说的是气话，本意不是让东东去拔同学自行车气门芯，是自己的思想道德水平低，以后要加强学习，坚决不说不负责任的话。本来准备挨打的东东，等来的却是爸爸的道歉，他根本没有想到爸爸竟然会向他道歉、向他承认错误，心灵受到了震撼，表示坚决改正。

认识危害

心理辅导老师耐心地与东东交谈起来，给东东讲了很多关于报复的事，使东东明白了报复的危害。报复心理就是为了发泄心中的不满，故意对他人采取恶意性攻击的心理，是自私自利的表现，是没有法治观念的表现，是心胸狭隘的表现，是没有修养的表现，是不理性的表现。报复行为如果不认真克服，任其发展下去，会严重影响同学之间的团结，激化同学之间的矛盾，甚至会导致无法挽回的严重后果。听了心理辅导老师的话，东东感到自己拔同学自行车气门芯的问题很严重，表示坚决悔改，以后要与同学团结互助。

法制教育

心理辅导老师打开电脑，在网上的法治宣传栏里找了一个深刻的事例，让东东认真看一看。一个15岁的初三学生，因为没有选上“三好学生”，怀疑是某某同学对他使坏了，下学的路上，用水果刀捅向了同学，导致同学受重伤，自己也受到了法律惩处，后悔不已。听了这个事例，东东深刻认识到了报复行为的严重后果，表示一定改正。

做学习型家庭，改善父子关系

按照心理辅导老师的建议，东东的父母专门腾出一间房子当书房，买来上百本图书，订阅了20多种报纸和杂志。每天晚饭后半小时，一家三口人读书、看报、讨论，逐渐提高思想道德水平和认知能力。平时，妈妈和爸爸给东东做上可口的饭菜，主动与他聊天、散步。周末，爸爸和妈妈与东东外出锻炼身体，打羽毛球、踢足球、玩篮球、打乒乓球、爬山，让东东感到妈妈和爸爸的温暖与爱。东东喜欢放风筝，妈妈和爸爸与他一起动手制作，有山鹰的、蜻蜓的、蝴蝶的，等等。

集体的温暖

班主任老师及时在班里开展了“团结、学习、友爱和进步”的演讲活动，同学们通过查找资料，参观历史博物馆，听英雄人物的报告会，写出了生动感人的演讲稿。在演讲会上，同学们通过一个又一个催人泪下、激人奋发的真实故事，受到了深刻的教育。东东还感动得几次流泪，在演讲会上，他大胆地承认了拔同学自行车气门芯的错误，真诚地向同学道歉，并希望同学们能原谅他。老师和同学们被东东的真诚感动了，真诚地原谅了他的错误。

通过心理辅导老师的干预和大家的积极配合，东东的报复心理逐步消失了。他现在与妈妈和爸爸的关系非常好，爸爸也不乱说话了。东东在班里学习仍然非常认真，还主动帮助同学解答疑难问题，看到同学学习进步，他心中特别高兴，并真诚地向同学表示祝贺。

心理专家对老师的忠告

发现学生有了报复行为以后，要谨慎对待和处理，千万不要劈头盖脸地批评学生，以免造成更严重的心理问题。要经常开展人生观教育，以班队会的形式，让同学们在发言中得到锻炼和提高。要有意识地给同学讲做人的道理，知道宽容、理解、帮助、团结、友谊的重要性。

心理专家对家长的忠告

长期在家庭暴力中成长的孩子，容易引发心理畸形，潜意识里会逐步形成报复的思维状态，内心深处往往是非常矛盾的，对可能危害自己的人和事往往会采取极端的办法，家长要有所察觉，多给孩子温暖，多让孩子享受家庭的爱。要建立学习型家庭，在学习中提高家庭成员的文化和道德素质。

心理专家对初中生的忠告

报复是使人走进泥潭的恶魔，一定要坚决克服。遇到不顺心的事以后，要冷静、理智，主动与老师、家长说明情况，听听他们的意见，和谐解决矛盾。要加强学习，增强法治意识，不要干出追悔莫及的事来。

认真回忆一次成功克服报复行为的过程：

2. 发现内裤上全是鲜红的血以后，留了一封遗书

情景再现

开学了，聪明伶俐、活泼可爱的咪咪进入了重点初中，在初一(2)班，担任班里的学习委员，平时团结同学，班里的工作抢着干，是老师的得力帮手。开学第二周，咪咪行为异常，上课不能集中精力听讲，眉头紧皱，面色苍白，经常走神，老师提问时，回答得驴唇不对马嘴，惹得全班同学哄堂大笑，她自己也感到莫名其妙。课间休息时，她不与同学玩了，躲在走廊的角落里，目光呆滞，冲着窗户发呆。同学们叫她下楼玩，她不予理睬，好像没有听见一样，有的同学不明白，私下说她傲气。

老师对她的异常行为感到奇怪，主动问咪咪怎么了，是不是病了。咪咪摇头说什么事情也没有。

一天上午，班主任老师在给大家上语文课，发现咪咪的精神不好，有些萎靡不振。细心的老师开始留心观察咪咪，课间同学们都急匆匆地上厕所方便，咪咪却等大家差不多都回来了才去上卫生间，有时上课都迟到了。

班主任老师很关心咪咪的身心健康情况，中午休息时，主动打电话给咪咪的父亲了解情况。经过与咪咪的爸爸电话交谈，才知道咪咪的父母刚刚离婚了，咪咪的妈妈出国不回来了，咪咪随爸爸一起生活。咪咪的爸爸工作很忙，每天下班很晚。以前，爸爸回来晚都是妈妈陪伴咪咪，现在妈妈出国了，咪咪下学一个人在家，很孤独、很无聊、很恐惧。班主任老师向咪咪的爸爸叙述咪咪在学校近期的表现，咪咪的爸爸非常着急，对老师说咪咪近来有些不对头，吃饭总没胃口，不爱说话了，常常看她一个人很长时间在屋里，去卫生间磨蹭半天也不出来。为了防止发生意外，班主任老师把心理辅导老师找来，帮助咪咪摆脱困境。

心理导航

为了稳定咪咪的情绪，心理辅导老师给咪咪播放了科教片《企鹅的世界》，可爱的企鹅一下子就吸引了咪咪的注意力，咪咪的表情轻松了，主动把一封信交给了心理辅导老师。心理辅导老师打开信一看，惊呆了，竟然是封遗书，内容是：爸爸，自从你与妈妈离婚后，我十分孤独，感到生活很无聊，白天上课不能集中精力听讲，夜里经常哭泣到天明。前天早晨起来上厕所时，发现内裤里有好多血，乳房也很胀痛，我不好意思问你，也不敢问老师，在学校又怕同学知道，连续好些天内裤都是血，我很害怕，这是怎么回事，怎么流这么多血呢，我是不是得了重病活不长了呢？要是妈妈在多好啊，我快不行了，我要死了。我不想活了，几次夜间想从阳台上跳下去。

心理老师认为：咪咪发育成熟了，来月经了，由于妈妈不在身边，十分恐慌，导致心理压力增大，有了轻生的念头。为了尽快地解除咪咪的心病，必须及时教育和疏导。

讲解生理卫生知识

心理辅导老师立刻把校医找来，请校医结合青春期卫生健康宣传片，给咪咪讲解女孩子青春期生理卫生知识，讲月经是怎么回事，性器官是怎么发育的，使咪咪明白了很多生理卫生知识。女孩子的性器官如卵巢、子宫、阴道等，在青春期前基本上处于静止状态，体积较小。从 8 ~ 10 岁起，卵巢发育速度直线上升，初潮时重量已达成熟时的 30%；10 ~ 18 岁期间，子宫、阴道的发育也呈直线加速趋势，子宫长度增长一倍，阴道变长、加宽，出现大量分泌物，阴部隆起，阴唇发育并出现色素沉着。随着性器官的形态发育，功能发育也迅速发展，出现了月经初潮。女孩子第二性征的发育变得明显，主要表现为乳房隆起，阴毛、腋毛出现，声音变得高而细，骨盆变宽等。少数女孩子会体毛过多，面部出现痤疮，这些都是正常现象。

月经是如何形成的呢？月经是一种正常的生理现象，是成熟或开始成熟的女子周期性的子宫内膜脱落的现象，是女孩卵巢发育成熟的一个重要标志。女孩子进入青春期，卵子受到性激素的刺激开始成熟，大约 28 天便有一颗成熟的卵子从卵巢排送出来，经由输卵管输送至子宫，这种现象叫作排卵。排卵的时候，男性的精子进入子宫和卵子相遇结合成为受精卵，并会逐渐发育成小宝宝。如果卵子没有和精子结合，子宫壁纤维层就会失去作用，内膜脱落，以经血的形式由阴道排出体外，这就是月经。绝大多数女孩在 10 ~ 16 岁之间初次来月经，叫初潮。每次月经会持续几天，一般在 3 ~ 7 天，从这次月经的第一天到下次月经的第一天之间相隔的天数称为月经周期，月经周期平均时间为 28 天。

听了校医的讲解，咪咪明白了月经流血是正常的生理现象，女孩子到了这个年龄都有，要正确对待，根本不必惊慌失措，忧心忡忡。

女同学们交流经验

心理辅导老师和校医找来初一年级几名已经有了月经的女同学和咪咪交流经期卫生保健经验，使咪咪学习了很多知识，紧张的心完全放下了。

校医又认真地给咪咪和女生们讲了月经期的卫生和情绪调节知识。月经期由于子宫内膜脱落，形成了一个创面，阴道内正常的酸性环境也会因流血而冲淡。同时，子宫颈口微微张开，盆腔充血，致使生殖器官局部防御机能下降，如不注意卫生，细菌很容易侵入生殖器官。另外，在月经期间，由于大脑兴奋性降低，身体抵抗力下降，所以很容易得病。女学生做好月经期的卫生保健很重要。一是避免受寒着凉。不要淋雨，不用冷水洗澡、洗头、洗脚，最好不要席地而坐。如果月经期受凉，尤其是下半身受寒，会刺激盆腔血管收缩而使经血减少或停止。二是避免过度劳累。来月经时不参加剧烈的体育运动和重体力劳动，可以参加一些轻度的运动和劳动，如跳健身操、打乒乓球等。运动量过大会引起经血过多、经期延长或闭经。要注意休息，保持充足睡眠，增强机体的抵抗力。三是注意清洁。保持外阴的清洁和舒适，一定要勤换卫生巾和卫生用品，避免细菌感染，一般 2 ~ 3 小时更换一次，注意在更换前后都要洗手。四是经期要合理饮食。不挑食，多吃蔬菜、谷物类，多喝水，不吃辛辣等刺激性食物，避免引起经血过多。不要多吃过冷食物，如冰激凌，因为冷饮容易使经血瘀结导致痛经。五是保持外阴卫生。最好坚持每天用温水清洗外阴，出血多时，清洗的次数适当多些。用清水冲洗外阴时，下身不要泡在水中，洗澡要用淋浴，不要用坐盆洗，以免脏水通过阴道进入子宫腔。洗外阴用的盆和毛巾应专用并与洗脚盆分开。大小便后用手纸时，要由前向后擦，避免把肛门周围的细菌带到外阴处。六是保持愉快的情绪。要乐观、开朗和情绪稳定，心情要舒畅，不要精神紧张。这样可以减轻月经期的不适，减少月经失调的发生。

姑姑的到来

由于咪咪的父母离婚了，对咪咪幼小的心灵是一个很大的打击，尤其是咪咪进入了发育期，有了生理上的问题和爸爸讲不是很方便。在心理辅导老师的建议下，咪咪的爸爸让姑姑来家住一段时间，这样既可以解决咪咪的孤独问题，又能让咪咪和姑姑说说女孩子的“知心话”，由姑姑来告诉咪咪一些月经的卫生保健和青春期女孩乳房的发育与保护问题。通过与姑姑的交流咪咪一下子明白了很多事，知道了女孩子进入青春期后，乳房发育迅速，这时就要注意保护乳房，促进其健康发育。一要避免约束和压迫乳房。青春期少女在乳房刚刚发育时，内衣要稍微宽大一些，不要戴胸罩，以免约束和压迫乳房。如果乳房长期受到压迫，就会影响乳腺的正常发育和日后的功能。也不要因为害羞，有意穿过于紧身的内衣来约束胸部，这样做不但影响乳房的发育，还会影响胸廓和心肺的发育，不利于健康。二要适时戴胸罩。当乳房进一步发育到已经比较丰满时，就需要戴胸罩。戴胸罩可以保护乳房，使它得到均匀的发育，还可避免在走路或运动时，由于乳房大幅度摆动而引起的不舒适。三要戴合适的胸罩。胸罩的大小要合适，不能太小，稍微宽松一点比较合适。背带要稍宽一点，不能过短过紧，以免勒住皮肤。胸罩的材料最好选用柔软的布料，有利于通气和吸汗。四是晚上睡觉时不要戴胸罩。睡觉时戴着胸罩会妨碍呼吸，影响血液循环，所以一定要把胸罩脱下来。另外，胸罩也要保持清洁干净，经常换洗。

细心关爱

心理辅导老师特意找了体育老师，嘱咐体育老师上体育课时，多多关照咪咪和其他已经有了月经的女同学，避免过度运动。这使咪咪和几个女生感到很温暖，感到爱就在身边，虽然妈妈不在身边，但老师的关怀同样周到。

通过心理辅导老师的积极干预，经过大家的积极努力，咪咪很快恢复了活泼可爱的样子。

心理专家对老师的忠告

发现学生有了轻生行为以后，要及时干预，避免严重后果的发生。要主动关心学生的身心健康，把温暖送到学生面前。要给学生更多的爱，创造温暖的班集体环境，让学生感到快乐。要教育学生珍惜生命，因为生命只有一次，否则亲人会因此痛苦万分。

心理专家对家长的忠告

现在社会上单亲家庭很多，有女儿随父亲的，有儿子跟母亲的，做父母的除了保障好孩子的吃、穿、用以外，还要在生理、心理上加以关注，使孩子的身心得到健康发展。有些看起来不大的事情，如果处理不好，会引发严重的心理疾病。同时，应该根据孩子的年龄，主动给孩子讲解生理卫生常识。随着人们生活水平的提高，多数家长注重孩子的营养，导致孩子的生长发育过快，有些孩子，特别是女孩月经初潮年龄提前，家长要适时地进行生理卫生的知识启蒙教育，这对孩子的自我保护、身心健康会有很大帮助。

心理专家对初中生的忠告

要加强学习，特别是主动学习青春期卫生健康知识。拓展知识面，提高认识水平，就不会被疑惑问题困扰了。要丰富业余生活，让自己积极、向上、快乐起来。要多参加班集体活动，多与同学交流，感受同学的友谊。要敢于向家长、老师说出心中的秘密和困惑，不要隐藏在心中。

认真回忆一次成功克服轻生心理的过程：

逆反与从众心理

1. 挤压“青春痘”

情景再现

云云今年14岁了，上初中二年级，受妈妈的遗传，皮肤很白，长得也很漂亮，平时很喜欢照镜子。冬天的一个早上，外面下了大雪，她起床照镜子时，突然发现脸上长了很多疙瘩，很痒，看上去很丑，吓得云云惊叫一声：“哇，太难看了。”云云正准备用手挤压，被妈妈发现了，妈妈告诉她这是“青春疙瘩”，青春期的孩子一般都会长，有时会很痒，千万不能挤压，否则就可能感染落下疤痕。云云不听妈妈的话，觉得妈妈在吓唬她，还要挤压，被妈妈拦住了，妈妈说她平时不讲卫生，不爱洗脸，还骂了她几句。云云根本不接受妈妈的批评，与妈妈顶撞起来，带着怒气出门上学了。进学校前，看见很多同学，感到大家都在盯着自己的脸，便立刻用手挤压“青春疙瘩”，挤压出一些黄色黏稠状液体。

第二天早上，云云的脸肿了起来，被挤破的“青春疙瘩”感染了，吓得她哭了起来。妈妈赶快带她去医院，医生给她用了药，告诉她脸上可能落下疤痕。她十分恐慌，天天盼着红肿消失。等感染好了以后，云云的脸上真的出现了几个凹陷的小疤痕，影响了美观。每天晚上，云云悄悄地躲在卫生间里看“青春疙瘩”留下来的小“麻子”，伤心得直掉眼泪，甚至不想上学了，也不愿意出门了，更不愿意与人说话了。

一天早晨，外面又飘了雪花，妈妈叫她起床上学，她说不想去了，想在家学习。妈妈拉她起来去上学，她就是不往外走。妈妈感到云云的行为有些异常，急忙问云云有什么心事，云云什么也不说，为了避免出意外，妈妈把心理专家请进了家。

心理导航

心理专家没有马上与云云交谈，而是带云云到小区附近的公园堆雪人。两个人堆了一个特大的雪人，云云用山楂做了眼睛，用树枝做了头发，用小石头做了牙齿，路过的人看到雪人都说好，云云心情十分愉悦，就说出了心中的秘密。原来，妈妈最近总唠叨她，还不给她好脸色看，她最近很反感妈妈，不愿意听妈妈说话，妈妈不让干什么，她偏要干什么。

“青春疙瘩”感染后，经常被同学笑话，她很后悔。今天早上起床后，又发现长了“青春疙瘩”，她看着“青春疙瘩”很烦恼，想用手挤压，又担心再次感染，所以不愿意出门上学了。

心理专家认为： 云云长了“青春疙瘩”以后，没有听妈妈的意见，对妈妈的唠叨很反感，产生了严重的逆反心理，需要认真疏导和教育。

医生的讲解

心理专家把云云带到医院的皮肤科，请医生讲解“青春疙瘩”的问题。云云知道了“青春疙瘩”不是什么大病，初中学生长“青春疙瘩”是正常的生理现象，对身体没有什么害处。出现“青春疙瘩”以后，不要烦恼，不要精神紧张，更不要觉得没有脸见人了，只要注意脸部卫生，注意饮食调节，听医生的建议，科学用药，“青春疙瘩”慢慢就会消失，不会留下任何疤痕。洗脸时一定要注意，用力擦洗已发炎的皮肤会使“青春疙瘩”加重，平时千万不要去挤，更不能用针扎，一旦感染了，可能引起大祸。

同学之间开展讨论

心理专家找来几位没有长“青春疙瘩”的初三学生，与云云一起讨论“青春疙瘩”的问题。同学们说，“青春疙瘩”是可以预防的，只要注意以下几个方面就可以了。一是要注意保持皮肤卫生，坚持每天早晚用温水和保健皂洗脸，以减少皮脂堆积，堵塞毛孔。二是不要使用油性化妆品，更不能涂抹浓妆。三是避免吃辛辣食物，少吃油腻及糖类食品，保持消化良好，防止便秘。四是用药物时，必须在医生指导下进行，以防出现药物过敏。同学们的话，让云云放心了。

保持乐观的态度

心理专家又找来几位长过“青春疙瘩”的同学与云云讨论，介绍经验，同学们说千万不要有太多的压力，不要害怕被同学笑话，要顺其自然，把长“青春疙瘩”当成自己成长的标志，要为长大了而感到高兴，轻松愉快地学习，这样有利于“青春疙瘩”早日消除。一旦长了“青春疙瘩”，应及时去医院，让医生给自己开一些内服及外用的药，按时涂抹，注意局部卫生，“青春疙瘩”很快就会消失。也可以请中医开些方子，用草药煮水，定期洗脸，效果十分理想。听见同学们谈论的话，云云的心情轻松多了。云云决定下午就去上学，不再担忧被同学耻笑了。

反例教育

心理专家把一个惨痛的例子讲给云云听。一个初二女生，担心自己乳房小，想使用药物，妈妈告诉她乳房发育有个过程，注意饮食、加强锻炼最重要，千万不要使用药物。她不听妈妈的话，悄悄使用增乳药，结果导致皮肤严重过敏，吃了很多苦。听了这个事例，云云认识到了自己的错误，后悔自己当初没有听妈妈的话。

妈妈的变化

心理专家与云云妈妈认真交谈，云云妈妈学到了很多教育孩子的方法，知道以前自己随意唠叨云云，没有给云云好脸色看，让云云产生了逆反心理，很后悔。妈妈立刻改变了对云云的态度，主动给云云做可口的饭菜，给云云梳漂亮的头发，给云云讲故事，与云云外出看电影，一起在外面打羽毛球、滑冰。很快，云云就与妈妈变得亲密了，也能听进妈妈的话了。

通过心理专家的积极干预，云云的逆反问题得到了解决，现在她知道怎么解决“青春疙瘩”的问题了。

心理专家对老师的忠告

发现学生有了逆反心理以后，不要生硬地批评学生，应该通过人生观教育、感恩教育和法治教育，积极感化同学，让同学明白事理，学会做人。

心理专家对家长的忠告

孩子在成长过程中，会遇到这样或那样的问题和情况，要及时帮助孩子解决，要有耐心，不要急躁，更不能简单粗暴地教育孩子。要与孩子交朋友，帮助孩子解决一些糊涂的认知问题。发现孩子长了“青春疙瘩”，要认真给孩子讲解卫生保健知识，告诉孩子只要注意皮肤清洁，克服不良的饮食习惯，保持愉快的心情，“青春疙瘩”很快就会消失。

心理专家对初中生的忠告

遇到问题以后，要多听家长和老师的意见，不要自作主张，以免导致严重后果。发现自己逆反严重后，只要加强学习，提高认识水平，善于换个角度看问题，就能听进别人的话了。要理解父母，知道感恩，不要自以为是。

认真回忆一次成功克服逆反心理的过程：

2. 床下全是卡通玩具和食品袋

情景再现

9月份，洋洋升入初一了，他没有把全部精力用在学习上，而是用在了吃和玩上，与几个调皮捣蛋的同学打得火热，跟着同学瞎折腾。妈妈经常嘱咐他要注意学习，多看书，少与调皮捣蛋的同学玩，他就是不听，我行我素，继续玩闹。

一次，学校组织同学郊游，妈妈给他买了一双旅游鞋，他说不喜欢，与同学的牌子不一样，非要自己去买同学穿的那个牌子的旅游鞋，气得妈妈夜间哭了好几次。

一天，几个调皮捣蛋的同学在马路上踢足球，洋洋也跟着踢，把一家商店的玻璃打碎了，被商店老板追着骂，险些发生肢体冲突。

课间休息，几个调皮捣蛋的学生在学校打闹，他也跟着打闹，用石头与同学对砸，失手把一个女生的鼻子砸流血了，受到老师的严肃批评，还把家长叫到学校，写了深刻检查。

洋洋好了几天后，又跟着几个调皮捣蛋的同学玩了起来，还经常以买复习资料为理由，向妈妈要钱。听说买复习资料，妈妈没有吝惜钱，痛快地给了洋洋。

星期天中午，妈妈收拾房间，进入了洋洋的房间以后，发现床下面都是卡通玩具和食品袋子，很多食品袋打开了，食品没有吃，只是把卡通玩具拿了出来，妈妈气得骂洋洋是败家子。爸爸知道了此事以后，赶回家来，狠狠地打了洋洋一顿，洋洋被打怕了，把自己关进房间不出来了，还喊着说不想活了，爸爸和妈妈是狠心人，不理解他，不爱他。爸爸和妈妈害怕了，担心洋洋出什么意外，急忙把心理专家请进了家。

心理导航

心理专家知道洋洋喜欢踢足球，就与洋洋谈起了足球。从球王贝利，谈到足球皇帝，谈得十分开心，洋洋很快就讲了实话。原来，洋洋在家什么都不会干，都是妈妈“一手包办”，洋洋没有一点自由，还不能随意外出玩耍。进入初中以后，看见同学们疯玩，感到以前自己太软弱了，总是听妈妈的摆布，就随着同学疯玩了。前些日子，几个调皮捣蛋的同学喜欢玩食品袋子里的卡通玩具，他也随着同学买，觉得很有意思。

心理专家认为：洋洋从小被妈妈管得很紧，缺乏自主意识，遇到调皮捣蛋的同学后，一下子放松了，找到了乐趣，有了从众心理，需要及时教育和疏导。

动画片的启示

心理专家拿出笔记本电脑，给洋洋看了一个自制的《麻雀落网》的动画片。内容是：一个猎人用网子捕捉麻雀，事先在网里放上了小米，引诱麻雀入网。开始，胆小的麻雀不敢进网里吃小米，几只胆大的麻雀跑进去吃小米了（配音：来吧，有什么可怕的，没有猎人。小米太好吃了，来吧……），后来，胆子小的麻雀看见胆大的麻雀吃得很开心、很安全，也学着胆子大的麻雀的样子钻进网里吃小米了……猎人的网落了下来，把所有的麻雀都抓住了，麻雀最后成了猎人口中的美食。看了这个动画片后，洋洋明白了一些道理。

认识危害

心理专家语重心长地与洋洋交谈起来，使洋洋知道了从众心理是什么，有什么危害。从众心理也可以说是“随大流”，没有自己的想法。这样的同学往往是没有自己的原则与立场，没有自己的行为准则，没有自己的独到见解，容易被人利用，跟着别人犯错误，甚至违法乱纪。从众心理有好有坏，好的一面是如果群体意识和行为是正确的、积极的、向上的、正义的，就应该从众，而且越积极越好，越主动越好，越卖力气越好；如果群体意识和行为是错误的、消极的、违法的、损人损己的，就应该坚决克服，不能犹豫。

惨痛事件

为了让洋洋认识从众心理与行为的危害，心理专家把洋洋带到医院。在一个烧伤病房里，看见了一个全身被烧伤的初中生，表情很痛苦。洋洋问被烧伤的初中生是怎么被烧伤的，被烧伤的初中生哽咽着说，前几天，几个爱玩的同学用树叶烧蚂蚱吃，他很好奇，在同学的召唤下，也跟着同学烧起了蚂蚱。突然，刮来一阵风，火苗子把他的衣服烧着了，他惊慌失措，乱跑起来，越跑火越大，最后把全身的衣服都烧着了，自己被烧成重伤，现在很后悔，不该跟着同学烧蚂蚱吃，看来“随大流”害死人啊！

有意义的集体活动

心理专家与洋洋的班主任取得联系，建议班主任老师改变教学方式，适当调整教学内容，经常开展人生观教育和实践活动。老师利用课余时间，举办了几次以“如何当一个合格初中生”的主题班队会。同学们积极发言，互相学习，每个人都收获很多。国庆节这一天，老师利用升国旗的机会，请来几位老红军给同学们上了一堂革命传统教育课，使同学们明白了今天的幸福生活来之不易，勤俭节约是中华民族的传统美德，这是做人的根本，也是民族发展、壮大、自强、兴盛的根本，一定要坚持和继承。

妈妈的转变

心理专家与洋洋的妈妈认真交换意见，使洋洋的妈妈清醒了，知道了教育孩子不能“大包大揽”，更不能把孩子“封闭”起来。限制孩子独立思考与独立做事，等于限制孩子的前途和发展。父母不能管孩子一辈子，早晚孩子要离开父母，早点锻炼，比晚锻炼好。此后，妈妈开始有意识地培养洋洋的思考能力、分析能力、劳动能力、处事能力、学习能力、明辨是非的能力和解决问题的能力，大胆地锻炼洋洋，让洋洋自己的事情自己做主，自己的活自己干，即便干不好，妈妈也不批评，很快，洋洋就有了进步。

读伟人传记

心理专家建议洋洋的父母给洋洋买一些伟人传记，以提高洋洋的思想水平。洋洋的父母立刻买来了几本伟人、名人传记，利用晚饭后的时间，三口人一起读书。开始洋洋坐不住，慢慢地就被书中的人物吸引了，喜欢上了读书，而且受到了感染，会分析、思考问题了，变得有主见了。

宣传语

心理专家与洋洋一起写了几条宣传语，内容是：有主见，才能成大事；坚决不盲目从众；从众之前要分析是对还是错；学会思考，学会分析，学会做人；多读书、读好书，提高明辨是非的能力。洋洋把宣传语张贴在门上和写字台上，天天看。

通过心理专家的积极干预，洋洋认识到从众心理与行为的本质，知道了读书的重要性，明白了做人的道理，再也没有出现与调皮同学乱玩的现象。

心理专家对老师的忠告

要创新教学，把思想教育始终贯穿在教育的始终，不能只是教知识，还要教学生做人。要引导同学参与积极的、有益的集体行动，充分调动同学的积极性。要教育同学学会思考，善于辨别真伪，不随意跟着别人跑。要创造良好的班集体环境，形成正气，不给带头惹事的同学任何机会。

心理专家对家长的忠告

发现孩子有了从众心理与行为以后，要从思想深处找原因，调动各方面的力量，科学地教育孩子，使孩子认识到从众心理与行为的危害。平时要学会放手，不要什么都管。什么都管，就可能把孩子管“呆”、管“笨”、管“懒”，缺乏主动意识，失去了自我，对将来发展很不利。

心理专家对初中生的忠告

要多读书，学习伟人的处事风格，养成谨慎思考的好习惯。要学习法律知识，明白事情的轻重，不能随意跟着别人行事。要主动与家长、老师交换意见，敢于说出自己的想法和烦恼，不要我行我素。要养成稳重的处事态度，不要毛躁。

认真回忆一次成功克服从众行为的过程：

“小心眼”与依恋心理

1. 不想把正确答案告诉同学

情景再现

13岁的苏苏上初一了，学习非常刻苦，作业写得很认真，考试总是全班第一名，同学们都很羡慕她。可是有一次，期末考试前，她感冒发烧，不能上学了，只好在家休息。她不知道作业是什么，担心落下功课，就打电话问同学，同学都不告诉她，还对她说了很多不礼貌的话，气得她哭泣不止，把书本一扔，盖着被子睡觉了，什么也不想学了。

晚上，妈妈叫她吃饭，她坚决不吃。该吃药了，她也不吃药，夜间翻来覆去睡不着觉，很痛苦，还嘟囔说不想活了。

妈妈担心她想不开，怕出什么事情，急忙找来心理专家帮助解决。

心理导航

心理专家给荪荪喝了一杯热牛奶，放了几首古典曲子，30分钟以后，荪荪的情绪平静了，脸上有了快乐的表情。然后，荪荪主动说出了心中的秘密。原来，她的“心眼”很小，特别爱生气，最不能容忍同学考试分数超过自己。只要同学的考试分数超过自己，就生气，就睡不好觉。上小学时，她妈妈经常说，自己学好了就行了，不要告诉同学，有时间自己多看书，难题不要给同学讲，以免同学超过你。进入初一以后，学习紧张了，同学知道她学习好，都来问她问题，她按照妈妈的意见，不把正确答案告诉同学，害得同学吃了苦头。时间一长，同学们都认识到她是什么人了，都不愿意与她交往。

心理专家认为：荪荪对于考试成绩很在意，不能接受同学超过她，又受妈妈的不良教育，嫉妒心强，不宽容，不知道友谊的重要性，“小心眼”问题突出，需要认真教育和帮助。

FLASH的效果

心理专家专门制作了一个关于“小心眼”的FLASH，配上音乐，很有意思。内容是：一匹小马，很小气，发现了山谷里有一片嫩草地，自己偷着吃，却不告诉其他马。妈妈知道此事以后，让它不要“小心眼”，要与大家分享。它不高兴，没有说出秘密山谷的嫩草，还是吃独食。时间一长，所有的马对它都有意见了。一天，小马又去秘密山谷吃独食了，山洪突然爆发，泥石流冲下来，小马惊慌失措，全身哆嗦，只能站在原地等死。几匹有经验的老马冒死冲进山谷，把小马救出来，看着被石头填满的秘密山谷，小马流下了悔恨的泪水，感到自己的“小心眼”差点害了自己的一生。

苏苏看完以后，感悟出了很多道理。

认识“小心眼”的危害

心理专家认真地与苏苏交谈，使苏苏明白了“小心眼”的危害，知道了什么是“小心眼”，怎么克服“小心眼”。“小心眼”就是人们经常说的小肚鸡肠，不大方，不能吃亏，怀疑心与嫉妒心兼有，是一种不健康的心理状态。如果不加以克服，会失去心理平衡，自寻烦恼，闷闷不乐，无端猜疑，导致极度痛苦的心境反复出现，甚至会产生暴力行为，严重影响同学之间的交往与团结，特别容易干扰正常的生活与学习。“小心眼”的人容易患病，由于经常生闷气，情绪忽好忽坏，神经系统不得安生，容易诱发心理与精神疾病，容易引发高血压和心脑血管疾病，容易导致消化不良和气血郁结，严重的“小心眼”还特别容易诱发抑郁症。

老师的帮助很重要

心理专家及时与莯莯的班主任老师交换意见，希望班主任老师帮助莯莯渡过难关。班主任老师很重视此事，主动来家看望生病的莯莯，还把作业内容详细地告诉了莯莯，主动为莯莯补课，安慰莯莯安心养病，不要生闷气，同学会理解她的。接着，班主任老师暗中做同学们的工作，希望同学原谅莯莯的“小心眼”，不要以“小心眼”对“小心眼”，要讲团结、讲友谊、讲大局、讲宽容。同学们在老师的教育下，原谅了莯莯的“小心眼”，主动给莯莯发短信慰问，还打来电话安慰，主动告诉莯莯作业题，甚至有的同学把老师的课堂录音送给她。莯莯一下子被感动了，流下了惭愧与幸福的眼泪，表示要与同学团结互助，不再“小心眼”了。

妈妈的改变

心理专家把莯莯的内心秘密告诉了莯莯的妈妈，莯莯妈妈很吃惊，知道自己的话严重影响了莯莯的心理健康，后悔得要命，当即表示改正。妈妈买来一缸金鱼，送给莯莯，然后勇敢地承认了错误，希望莯莯原谅，并且监督妈妈的话语。以后的日子，妈妈真的改变了，不仅自己读书学习，还鼓励苏苏多读书，热心帮助同学，主动与同学沟通，主动与同学讨论问题，虚心地向同学学习，不要计较分数高低的问题了，谁分数高都高兴，同学们共同进步才是最好的结果。妈妈还经常与苏苏进行户外体育锻炼，母女俩一起游泳、打乒乓球，很和谐。假日，妈妈和爸爸主动陪苏苏去郊外画画，体验农家乐，走访农民，了解社会。妈妈改变以后，家庭温暖、和谐了，苏苏的情绪平稳了，与同学的关系大大改善，自己也感到很快乐。

辩论会很重要

苏苏的班主任老师特别重视学生的品德教育和心理教育，利用周末的一个下午，召开了“大度与宽容”的辩论会。老师把同学分成正反两方，同学们围绕“大度与宽容”展开了激烈的辩论。辩论前，老师特意安排苏苏当主辩人，为了在辩论中获得有利地位，苏苏大量读书，认真准备辩论稿，赢得了老师和同学的赞誉。通过写辩论稿，苏苏明白了许多与同学相处的道理，心胸逐渐宽广起来了，进步很明显。

经常提醒

在心理专家的建议下，苏苏写了几个字，以此来警示自己，教育自己，内容是："小心眼"只能使自己的路越走越窄，友谊最重要，金钱换不来。苏苏每天都看警示语，达到了随时自我教育的目的。

通过心理专家的干预，经过老师和同学的热心帮助，苏苏"小心眼"的心理问题基本消失了，现在与同学们关系很好，能主动帮助同学，自己感到很轻松、很快乐。

心理专家对老师的忠告

教学中，要把心理教育和做人的教育穿插起来，让学生明白与人相处的原则，知道大度、宽容、友谊的重要性。要引导学生学会思考，控制情绪，不能偏激，更不能私字当头。要经常开展有意义的活动，让同学们建立纯真的友谊。

心理专家对家长的忠告

家长要注意讲话的内容，不能随意乱说，更不能刺激孩子，以免影响孩子的心理健康。家长要注意学习，提高思想品德，在孩子面前，要显得宽容和大度，不要小肚鸡肠。要教会孩子与人交往，给孩子创造一个宽容、和谐的家庭环境，让孩子受到熏陶。

心理专家对初中生的忠告

要学会原谅人、理解人和团结人，遇到事情讲风格，不能太计较，知道谦让是美德，吃亏是福气，奉献和付出才能换来团结与友谊。要淡泊名利，不要不切实际地乱与同学比，与同学共同进步才是真正的进步。要克服猜疑心理，加强学习，学会分析问题，善于全面地看问题，不钻牛角尖。

认真回忆一次成功克服“小心眼”的过程：

2. 听说要与姥姥分开以后

情景再现

14岁的鸥鸥升入初二了，学习开始紧张了，可是鸥鸥却没有心思学习，上课不能集中精力听讲，经常走神，还总是犯困，经常在课堂上睡觉。老师感到不对劲，下课后，把鸥鸥叫到办公室问她怎么了，需不需要帮助，是不是家里有什么情况，鸥鸥却低着头，什么也不说。

一天下午，上体育课，老师让同学跑400米，鸥鸥跑了200米，就全身发软，昏倒在操场。体育老师赶快把校医找来，经过治疗，没有发生大事。校医认为是低血糖，要加强营养。

老师觉得鸥鸥突然昏倒，有些蹊跷，急忙再次与鸥鸥谈话，鸥鸥只是哭泣，一句话也不说。老师担心鸥鸥有什么隐情，把鸥鸥领到学校的心理室，请求心理老师帮助鸥鸥。

心理导航

心理老师把鸥鸥带到音乐室，先让鸥鸥听喜欢的音乐，然后又给鸥鸥看了一组精美的蝴蝶的照片。鸥鸥很喜欢蝴蝶，立刻来了兴趣，与心理老师谈论起蝴蝶。1个小时以后，鸥鸥完全放松了，心理老师采取引导法，让鸥鸥讲出了心中的秘密。原来，鸥鸥从小就与姥姥生活在一起，感情深厚。前几天，舅舅出差了，姥姥只好去舅舅家照看孩子，而且要搬到舅舅家住，以后也不回来了。姥姥走了以后，鸥鸥无法适应了，感到妈妈做的饭不好吃，也不愿意与妈妈说话。晚上睡觉，身边没有了姥姥，鸥鸥怎么也睡不着了，心中很不是滋味，翻来覆去，倍受煎熬，心中很压抑。在学校，鸥鸥也不想吃中午饭，悄悄地把饭倒掉。上课时，鸥鸥总想睡觉，心不在焉，没有一点精神，脑子里总想着姥姥。

心理老师认为：鸥鸥从小与姥姥生活在一起，感情深厚，有了依恋心理，需要说服教育和科学引导，使其逐步走向正常的生活。

小豹子的命运

心理老师把一个野生动物视频资料找出来，在电脑上播放，让鸥鸥认真看。一只可爱的小豹子依偎在妈妈身边，每天吃妈妈捕捉的猎物，懒洋洋地晒太阳。妈妈几次赶小豹子离开，让它独自生活，小豹子耍赖，就是不离开。妈妈教它捕捉猎物，它不好好学习，就是爱睡觉。一天，小豹子妈妈在与猎物搏斗中受伤了，无法再去捕捉猎物了。小豹子本来早就应该独自捕捉猎物了，可是由于没有好好学习，只能无精打采地守着妈妈，接连几天都饿着肚皮。

认识依恋心理的危害

看到鸥鸥有了启示，心理老师与鸥鸥聊起了依恋心理和依赖行为，使鸥鸥明白了很多道理。依恋心理和行为就是对人或事物产生了难以割舍的情结，难舍难分，特别害怕失去。一旦失去了，就无法适从，惶惶不可终日，严重干扰人的正常生活和学习，影响人的成长，需要坚决克服。有了依恋心理以后，如果放任自流，就会导致缺乏主动意识和创造精神，丧失勇敢精神，也不能使人尽快地成熟起来。由于缺少自己独立的思想和行为，遇到事情以后，经常会表现出犹豫不决，瞻前顾后，主次不分，颠倒是非的严重情况，对学生的健康成长很不利，容易导致情绪难以控制，甚至无法适应新情况、新环境和新生活，出现心理问题和精神疾病。

小海龟的启示

心理老师从《动物世界》中找出一期节目，内容是小海龟的命运。海龟妈妈们在海滩上产下海龟蛋，经过一段时间，海龟们纷纷破壳而出，它们不敢喘息，使出全身的力气往大海里爬，如果爬得慢，或者待在窝边休息，就会被海鸟吃掉。海滩上数万只小海龟爬向大海，场面十分震撼。勇敢又有毅力的小海龟进入了海水中，安全了；软弱的、没有斗志的小海龟成了海鸟的美餐。动物世界是残酷的，要想生存，就要早独立、早适应。

妈妈的变化

心理老师与鸥鸥的妈妈交换意见，建议鸥鸥的妈妈改变教育孩子的方式，弥补姥姥走了以后的缺失。鸥鸥的妈妈意识到自己教育孩子失策的问题，立刻改变，找来食谱，每天给鸥鸥做可口的饭菜，保证鸥鸥的正常饮食。妈妈每天用微笑对待鸥鸥，给鸥鸥看小时候的照片和录像，与鸥鸥一起回忆小时候的事，唤起鸥鸥对妈妈的爱。晚饭以后，妈妈主动与鸥鸥散步，谈天说地，让鸥鸥放松。夜间睡觉，妈妈主动陪伴鸥鸥一会，直到鸥鸥睡着为止。

姥姥的定时电话

心理老师与鸥鸥的姥姥交换意见，希望她每天与鸥鸥通电话，与鸥鸥交谈几句，让鸥鸥平稳过渡。姥姥很喜欢鸥鸥，知道鸥鸥想自己，每天晚饭后，利用 10 分钟的时间与鸥鸥通话，说说舅舅家孩子淘气的事，说说舅舅家养的小狗，说说鸥鸥小时候的事，鸥鸥的情绪平和了，基本恢复了正常。

周末见面

心理老师建议鸥鸥的妈妈每个周末带鸥鸥去舅舅家，一是看看舅舅的孩子，二是让鸥鸥与姥姥见面，吃姥姥做的饭菜。这一招真管用，鸥鸥与姥姥定期聊天，把一周的话对姥姥说个够，心情好了起来。

短信的作用

心理老师建议鸥鸥的妈妈每天给鸥鸥发几条短信，大概内容是：鸥鸥长大了，独立能力强了；依赖永远让人长不大，不要依赖，要勇敢、要自立；不学可怜的小豹子，学暴风雨中的雄鹰。妈妈每天把短信发给鸥鸥，鸥鸥看见短信，有了力量和自信，进步很大。

心理老师干预后，通过大家的共同努力，鸥鸥转变了，给妈妈回了短信，内容是：放心吧，妈妈和姥姥，我不会让你们失望的。我能、我行、我敢、我立，看我的实际行动。

心理专家对老师的忠告

老师要注意学生的心理与行为变化，发现学生有依恋行为后，要积极开展成长教育，创造积极的环境，多开展有意义的集体活动，多开展社会教学，开阔学生的视野，教育学生会思考、会处事，让学生早成熟、早明白事理、早长大、早独立。

心理专家对家长的忠告

家长要主动学点心理学知识，科学地引导、教育孩子，要引导孩子思考，大胆锻炼孩子，让孩子学会独自地生活，自主地学习和理智地处事，越早“断奶”，越早放手，越有利于孩子的健康成长。放手不是撒手不管，而是给孩子独自的锻炼机会，这才是孩子成长中必需的过程。

心理专家对初中生的忠告

依恋心理与行为危害很大，让人没有主见，不利于人的发展，长久下去，就会使人失去独立的人格，不能面对各种困难与危险，不能自我保护，最终会输得很惨，成为社会的累赘。

要加强学习，学习伟人的成长经历，全面锻炼自己。敢于吃苦，积极磨炼意志，坚决克服依恋心理。

认真回忆一次成功克服依恋行为的过程：

自卑心理与担心被传染上疾病

1. 总不敢抬头说话，笑也不敢笑

情景再现

13岁的簌簌上初一了，也不知道为什么，刚上了半个月的学，整个人就变了，变得不爱说话了，上课不敢发言，下课也不敢与同学说话了，笑也不敢笑。老师感到簌簌的情况不对劲，主动问簌簌怎么了，簌簌摇头不说话。一天，老师上观摩课，来了很多老师听课，当老师叫她上台回答问题，她走上讲台，不敢说话，憋了1分钟，满脸通红，还是一句话也说不出来，最后竟然满头冒汗，昏厥过去了，吓得老师赶快找校医。校医紧急抢救，簌簌苏醒了。

老师感到簌簌的心理问题严重，担心发生什么意外，把她领进了学校的心理室。

心理导航

心理老师以同情交流法，让簌簌把内心的苦恼倾诉出来。原来，小时候，簌簌吃了一种药，长大以后牙齿都坏了，加上自己长得肤色黑，害怕张口发言时，牙齿暴露出来，大家笑话她。开学后，她与同学交流，一个女同学私下说她的牙齿太黑了，好恶心，她知道后心情很难过，心中好像压了一块大石头，夜间悄悄地哭泣，再也不敢开口说笑了。

心理老师认为：簌簌因为自己的牙齿黑、肤色黑，担心说笑时，大家注意她，看到她的生理缺陷，耻笑她。升入初一以后，听到同学说她牙齿黑，内心郁闷，产生了严重的自卑心理，必须及时疏导，防止严重后果发生。

真心交谈，主动打开交往的大门

簌簌：我现在真的很害怕同学笑话我的牙齿黑、皮肤黑，总是提心吊胆的。感到同学都在耻笑我，都不愿意与我交流。

心理老师：牙齿黑不是你的问题，是药物引起的，你本身已经是受害者了，身体受到了痛苦，在心理上千万不能再折磨自己了。你与同学交流是交流学习和思想，同学认可的是你的学习和思想，根本不是看你的牙齿，更不会因为你的皮肤黑，就不与你交流，也不会因为你的皮肤白，就与你交流，这根本就是两回事。

簌簌：同学要是看我的牙齿怎么办啊？

心理老师：爱美之心，人皆有之。牙齿洁白、整齐当然好，但也不要太在意，大家看你的牙齿也好，不看你的牙齿也好，你的牙齿好坏与同学没有任何关系。同学愿意与你交往，是因为你的人品，你的道德，你的素质，而不是你的牙齿。

簌簌：那同学因为我的牙齿黑、皮肤黑，不愿意与我交往怎么办啊？

心理老师：这种事很少，只要你学习认真，思想品德好，愿意帮助同学，性格开朗，同学不会不与你交往的。要明白一个道理，交往是相对的，如果你先退缩了，自卑在前，把头低下来，把交往的大门关上，同学怎么与你交往呢？勇敢起来，什么也不要怕。

簌簌：我现在明白一些了。

积极治疗，弥补不足

心理老师与簌簌父母取得联系，建议父母带簌簌去专科医院修补牙齿，认真治疗一下。簌簌的父母知道情况后，非常重视，主动带簌簌到一家大医院的牙科看专家，牙科专家认真给簌簌诊治，分 4 次积极地修补了牙齿，大大改善了牙齿的状况。簌簌看到自己的牙齿好看多了，心情也好多了。

同学的道歉，心中的石头消失了

心理老师及时找到说簌簌牙齿黑的女同学，批评了同学不尊重簌簌，说话伤害了簌簌。女同学其实是无意说的，根本不知道后果这么严重。女同学知道自己伤害了簌簌，很内疚，在心理老师的安排下，主动找到簌簌道歉，希望簌簌原谅，彼此能成为知心好朋友。簌簌看见说她牙齿黑的女同学这么真诚，立刻原谅了女同学，两个人拥抱在一起，簌簌心中压着的大石头顿时消失了。

克服自卑很重要

心理老师还专门为簌簌开了一个克服自卑的交流会，请来几位皮肤黑、牙齿也不怎么好的女同学。这几位女同学性格开朗，都是学校的学生干部，学习和工作都非常出色。

第一位女同学是团支部委员，学校学生会委员，她非常坦诚地说：“我以前非常自卑，根本不敢在同学面前开口说话，害怕同学笑话我牙齿不好，后来看到几位有残疾的人克服自卑、勇敢面对人生的故事，终于实现了人生价值。在他们的影响下，明白了一个道理，人活着就要敢于面对现实，战胜自我。于是，我开始大胆地锻炼自己讲话，主动与同学谈心，班队会带头发言，勇于接受各种挑战，现在非常自信。”

第二位女同学是班长，还是学校广播组组长，鼻子上有疤，她进述了克服自卑的全过程。由于一次意外摔伤，她的鼻子上留下了疤痕，开始很痛苦，甚至不想上学了。后来，她看到了作家海伦·凯勒的事迹，受到了极大的震动，决心勇敢地抬起头，面对现实，超越自我，终于克服了自卑，找回了自信，现在同学们都愿意与她交谈。

第三位女同学是团支部书记，学校记者团团长，人称“黑脸包公”。她原来很自卑，怪自己的基因不好，幻想自己的皮肤比雪还白。她从前不愿意上学，不敢抬头看老师和同学，不愿意出门，大部分时间闷在家里。后来看到了美国大片《珍珠港》，对里面的美国总统扔下轮椅，勇敢地站起来发表演讲的画面产生了共鸣，第二天就敢面对同学和老师了，信心与勇气也建立起来了。

最后，三位优秀女生一再鼓励簌簌，希望她战胜自我。簌簌认真地听完她们的成长经历，倍受鼓舞，有了自信心。

温暖的班集体

心理老师主动与簌簌的班主任取得联系，希望老师多鼓励簌簌，帮助簌簌克服自卑。班主任老师经常找机会鼓励簌簌，还主动给簌簌单独锻炼的机会，让簌簌负责班里的新闻宣传，为学校广播站提供稿件。由于写新闻稿需要采访人，簌簌经常与同学、老师交流，很快得到了锻炼，自信心也有了。同学们也主动与簌簌交谈，让簌簌感到了纯真的友谊。

鼓励口号的重要性

心理老师与簌簌一起思考克服自卑的口号，想出了几个响亮的口号。如：自卑是纸老虎，欺软怕硬；战胜自己，就战胜了自卑；没有什么好怕的，人和人都一样；自己要信任自己，别人才不会小瞧你；没有谁能打败自己。簌簌把口号写在写字台上，每天看几遍，自卑的乌云很快就散了。

经过心理老师的干预，簌簌的自卑心理消失了，显得特别自信，与同学有说有笑，十分快乐。

心理专家对老师的忠告

初中的学生思想活跃，心理状态复杂，老师要密切注意，发现学生有了自卑心理后，千万不能讽刺、挖苦、打击，要给学生更多的理解、帮助、关心与爱护，鼓励他们最重要。要创造良好的班集体环境，把学生的思想基础打牢固，关注学习、团结与友谊。要给学生更多的锻炼机会，让他们敢于实践，积极思考，明白美的真正内涵。要主动与家长沟通，全面了解学生的情况。

心理专家对家长的忠告

家长要学些心理学知识，全面掌握孩子的心理特点。孩子随着年龄的增长，会产生对美的向往与幻想。特别是处于青春期的孩子对于美更是充满无限的遐想，引导不好就容易出现问题，父母要高度重视，不能麻痹大意。要密切关注孩子的心理变化，不要认为孩子小，就不予理睬，应该主动与孩子交流，指导孩子锻炼与运动，积极治疗孩子的身体疾病。要关注孩子的饮食情况，防止出现问题。

心理专家对初中生的忠告

“天生我材必有用”，要正确看待自己，客观看待他人。记住“人无完人，金无足赤”的道理，谁都有优点与缺点，不能只是看到别人的长处，盯着自己的缺点，要学会自我欣赏，自我激励，这样才能克服自卑心理。所谓自卑就是自己瞧不起自己，或者轻视自己，对自己没有自信心，只要战胜了自己，就能战胜自卑。自卑的危害很大，对于个人成长进步很不利，要树立信心，不要怀疑自己，否定自己。要明白人与人肯定不一样的道理，不要盲目与同学比，要多参加集体活动，培养自己坚强的性格，遇到想不开的事，要敢于对老师和家长说。

认真回忆一次成功克服自卑的过程：

2. 枕头边钻出老鼠以后

情景再现

一天下午，13 岁的莎莎放学回家后，坐在床上休息。突然，从枕头边钻出来一只大老鼠，跑进沙发下面。莎莎吓得头发都竖起来了，脸色煞白，大叫一声，跑了出去，再也不敢进门了。

妈妈下班看到莎莎站在门外，还流着眼泪，赶忙问莎莎怎么了，为什么哭。莎莎把遇见老鼠的事情说了一遍，还哽咽着说："我的床上、柜子里的衣服、沙发上肯定都是病毒了，妈妈咱赶快搬家吧，我不想进家门了。如果没有房子，暂时搬到姥姥家住也可以。"说完，全身颤抖，呼吸急促，扑在妈妈的怀里痛哭不止。妈妈责怪莎莎胆子小，都是初中学生了，怎么还这么胆小呢？坚决不同意去姥姥家住。莎莎更难受了，甚至还以不活了要挟妈妈搬到姥姥家住。

妈妈感到问题严重，按照莎莎的意见，暂时让莎莎搬到姥姥家住。可是姥姥家有舅舅、舅妈和小弟弟，房子也不宽敞，也不能总在姥姥家住呀。妈妈、爸爸、舅舅和姥姥谁也不能说搬回家住的事，只要一说搬回家，莎莎就出现全身颤抖、呼吸急促、满头冒大汗的现象，甚至还出现了小便失禁的情况。由于心情不好，上课无法集中精力听讲，莎莎的学习成绩严重下降。

莎莎的妈妈与爸爸分析，莎莎可能是被老鼠吓着了，心理出了问题，赶快请来了心理专家。

心理导航

心理专家看见莎莎很紧张，有抵触情绪，没有直接与莎莎谈话，而是把莎莎带到了兔笼子前，让莎莎看兔子。几只小兔子很可爱，有白色的、青色的、黑色的、花色的，莎莎喜欢小动物，摘了树叶给兔子吃，与兔子说话，几分钟后，莎莎的心情放松了，主动打开了话匣子。原来，莎莎小时候听奶奶讲过一个关于鼠疫的故事，知道了鼠疫是传染性非常强的疾病，患上鼠疫的人，死时全身都黑了，样子很惨，特别恐怖。她以前也问过妈妈，鼠疫是怎么传播的，妈妈说是通过老鼠传播的。现在在自己的枕头前看见了老鼠，全身起鸡皮疙瘩，担心自己也会得鼠疫……

心理专家认为：莎莎由于从小听说过鼠疫的可怕，在枕头边看见了老鼠，受到了强烈刺激，精神过度紧张，老鼠与死亡一直联系在她心中，必须及时教育，科学引导，使其心理逐步平静下来，才能避免不幸事件的发生。

去防疫站听鼠疫预防知识课

心理专家及时与莎莎的妈妈交换意见，建议从根源上消除莎莎对鼠疫的担忧。当天下午，妈妈就带莎莎去了防疫站，在防疫医生的带领下，观看传染病科普宣传栏，看鼠疫传染病预防录像片，看鼠疫的传播途径与预防措施。莎莎认真听了传染病专家讲解的鼠疫预防知识，专家还介绍了鼠疫的传染方式和途径以及目前发病情况，让莎莎知道了什么是鼠疫，鼠疫有什么危险。专家告诉莎莎平时主要以预防为主，具体措施是：一要坚持消灭老鼠，不给老鼠传播鼠疫的机会。绝对要严防老鼠对食品的污染。二要防螨虫叮咬。在不熟悉的地域活动时，应该对自己进行简单防护，可以将裤脚、袖口扎紧，防止害虫钻进来。三要时刻提醒自己，不要随意在杂乱的草地上、阴暗的低洼处或潮湿的灌木丛里坐、卧、躺。四要记住外出旅游前，应该根据医生的建议，认真进行预防接种。一般情况下，只要注意灭鼠，及时消毒，注意食物不被污染，就不会被传染上鼠疫的。另外，并不是家里有了老鼠，就一定会感染上鼠疫。通过防疫专家的认真讲解，莎莎悬着的心渐渐放了下来。

严格消毒很关键

为了消除莎莎心中的阴影，心理专家把防疫站的医生请到莎莎家，防疫站的医生对莎莎的房间进行了卫生防疫处理，请莎莎观察整个消毒过程，主要内容是对莎莎的房间进行彻底消毒和疫情处理，把莎莎的被子、褥子、枕头、枕巾、衣物全部清洗、消毒、晾晒，沙发、床、柜子、椅子全部拿到外面晒太阳消毒，全面检查是否有被老鼠污染的情况，室内有无老鼠洞。全家的餐具彻底消毒，尤其是对厨房的柜子和储物箱，然后在老鼠可能出现的地点放上老鼠药，这才让莎莎长出了一口气，心中有了安全感。

长久之计最重要

为了让莎莎彻底放心，心理专家与莎莎谈话，问莎莎是否真正放心了。莎莎悄悄地提出能不能养一只猫，镇住老鼠。心理专家与莎莎的妈妈商量后，同意了莎莎养猫的意见。妈妈立刻为莎莎找来了一只小花猫。猫抓老鼠，是老鼠的克星，有猫在家里就安全了。莎莎看到小花猫特别高兴，每天与小花猫玩。

培养勇敢精神

为了让莎莎勇敢起来，妈妈利用暑假的时间给莎莎报了一个夏令营，主要是去西部地区参观学习，与西部的同学交流，体验农村生活。莎莎在西部地区的活动中，看见了当地人勤劳、勇敢的行为，看见了西部同龄初中学生帮助父母打草、放牛、种地、担水的情形，被他们的吃苦精神感染了，觉得自己太娇气了，应该勇敢起来。一次，莎莎与当地的初中生在田地里劳动，突然看见了几只大的“地老鼠”，当地同学勇敢地追赶着“地老鼠”。她认为当地的初中学生不怕“地老鼠”，自己也不应该害怕“地老鼠”，胆子一下子就大了起来。

经过心理专家的及时干预，通过大家的热诚帮助，莎莎的心放下了，与妈妈回了自己的家，独自回房间睡觉了，情绪也恢复正常了。

心理专家对老师的忠告

遇到疫情发生时，要及时请专家给学生讲解防疫知识，让学生全面了解传染病的发生、传播途径和预防办法，消除恐惧感。要结合卫生常识教育，告诉学生注意个人卫生的重要性。发现学生有了担心被传染疾病的情况后，不要讽刺，要以科学的方式讲道理，不能给学生更大的刺激。

心理专家对家长的忠告

如果孩子担心被传染疾病，要立刻带孩子去医院，听听医生的意见，从根本上消除孩子的担心问题。如果发现孩子行为异常，要及时做好孩子的思想工作，认真、耐心地安抚孩子，千万不要讽刺、挖苦、打击孩子。要主动与孩子交流，及时发现问题，解决问题，不能简单粗暴。

心理专家对初中生的忠告

老鼠是很可恨的，人们非常讨厌它，城市里很少见到它了，尤其是住楼房的家庭，基本上看不到老鼠了，但是也不能排除老鼠溜进门的可能。一旦发现老鼠，千万不要紧张，更不能如临大敌一般，在及时捕捉后，要注意消毒和卫生预防，仔细检查食物有无被老鼠污染。为了安全起见，可以请防疫站的医生来家检查，避免问题发生。

认真回忆一次成功克服担心被传染上疾病的过程：

____

____

____

____

隐瞒与意志薄弱心理

1. 考试分数从来不主动给家长看

情景再现

15 岁的小新正上初三，妈妈和爸爸非常关心他的学习，特别希望他能考上好高中，为考上好大学打好基础。进入初三下半年以后，学习很紧张了，考试也比较频繁，妈妈和爸爸想知道他的考试分数，以便心中有数，可是小新每次考完试以后，从不与妈妈和爸爸说话，躲在自己的房间里，也不愿意抬头看妈妈和爸爸。只要妈妈和爸爸问考试成绩，他总是说没有考，要不就说考试成绩没有出来，或者说老师没有公布。无奈之下，爸爸和妈妈只好问老师，老师说卷子早就发了，成绩早就公布了。爸爸和妈妈很吃惊，追问小新为什么隐瞒成绩，小新却闭口不说，气得爸爸和妈妈没有办法。爸爸想打小新，小新就跑到爷爷家，不回来了。妈妈担心小新出事，只好请来心理专家帮忙。

心理导航

心理专家采取兴趣交谈法，让小新开了口。原来，小新的爸爸和妈妈特别关注分数，只要分数考少了，就爱数落他，妈妈说他笨，爸爸说他没有出息，他内心很难受。进入初三下学期以后，考试更频繁了，他的成绩不理想，为了不被爸爸和妈妈数落，他只好隐瞒考试成绩，采取拖延的办法，能糊弄一天就糊弄一天。

心理专家认为：小新不愿意因为考试成绩差而被爸爸和妈妈数落，故意隐瞒了考试分数，有了隐瞒心理，需要认真教育和引导。

认识隐瞒心理和危害

心理专家认真与小新进行了交谈，使小新知道了什么是隐瞒心理。隐瞒心理就是因为怕被人误解、讽刺或挖苦，而不愿意让他人知道事情真相的心理倾向，行为上表现为故意隐瞒事实，拒绝透露实情。有此不良倾向的同学，一般会把自己封闭起来，或以学习紧张为借口，把自己关在房间里，不愿意与人接触，不愿意与人沟通，使自己生活在苦闷之中。有的同学则是担心遭到别人的冷嘲热讽，辱骂殴打，有自卑感，严重者可能导致身心疾病和不良行为。学生要勇于克服隐瞒心理，敢做敢当，做一个诚实勇敢的人。

父母的改变

心理专家立刻与小新的父母交换意见，讲清楚了小新隐瞒分数的主要原因。小新的父母很惊讶，没有想到小新的隐瞒行为与父母的言语与态度有关系，决定改变态度，与小新和平共处。爸爸和妈妈真诚地向小新承认了错误，表示不再讽刺、挖苦他了，要全力支持小新的学习，给小新创造一个和谐的学习环境，让家庭快乐起来。妈妈和爸爸每天对小新笑脸相迎，晚饭后一家三口到附近的公园散步，有说有笑，让小新的心情不再紧张了。妈妈还主动把同事家已经上大学的孩子找来，给小新介绍中考经验，帮助小新复习，梳理问题，解答难题，使小新的学习成绩提高很快。

班主任老师的介入

心理专家主动找到小新的班主任老师，希望班主任老师帮助小新。班主任老师单独与小新谈话，告诉小新要诚实，要知道感恩，不要害怕被父母批评，要主动把考试分数给父母看，让父母全面了解自己的学习情况，只有这样，才能得到父母的帮助。班主任老师对小新说，其实，父母问考试成绩，说明父母关心你、爱护你，希望你学习进步，将来有出息。如果父母不问你的成绩，什么也不管你，那就是不负责任的父母了。你越隐瞒，`父母越着急。你要主动与父母沟通，告诉父母你学习很刻苦了，不要数落你了，如果继续数落你，会影响你的心情，导致学习不能集中精力，考试成绩更差，恶性循环。父母知道你的心情后，一定会改正，从而会转变对你的态度。

同学的交流会

为了让小新真正敞开心扉，克服隐瞒心理，心理专家与小新的班主任老师协商，找来几个性格开朗的同学与小新讨论。同学们畅所欲言，说出了自己的想法。一是尊重父母，让父母放心，免得父母乱猜疑。二是得到父母的支持，父母会及时、有效地提供全面的帮助，对提高学习成绩很有帮助。三是增强自信心，当父母全力支持你的时候，你就会感到有力量，感到温暖，学习效率成倍提高。四是养成诚实的好习惯，及时把考试成绩告诉父母，说明自己心态自然，是诚实之人。

警示语的启示

为了让小新天天受教育，心理专家建议小新每天在日记本里写同样的一句话：隐瞒是走向孤独与封闭的阶梯，是失去信任的开始，要坚决克服，勇敢地面对一切。每天晚上学习前，小新都写这句话，对自己的教育很大。

经过心理专家的及时帮助和教育，小新与爸爸和妈妈的关系改善了，情绪平和了，能主动把考试分数告诉妈妈和爸爸了，学习成绩提高得很快。

心理专家对老师的忠告

老师要教育学生正确认识隐瞒心理和行为的危害，树立信心，坦荡地面对各种情况。要让学生养成勇敢的精神，不惧怕讽刺、挖苦和嘲笑。要鼓励学生参加集体活动，开展谈心活动，学会做人、做事。

心理专家对家长的忠告

发现孩子有隐瞒心理和行为后，不要生硬地批评教育，要因势利导，循循善诱，与孩子交心，给孩子温暖，让孩子情绪稳定下来，有的放矢地帮助孩子。要创造温暖的、和睦的家庭环境，让孩子心情舒畅，健康成长。

心理专家对初中生的忠告

要深刻认识隐瞒心理与行为的危害与严重后果，走出孤独的阴影，走出“怕”的怪圈。要正确认识自己的失败与不足，以平常之心对待考试成绩，不能过于自卑。要树立自信心，把压力转化为前进的动力，正确对待别人的冷嘲热讽。要主动把心里话讲给父母和老师听，得到他们的帮助、理解与支持。

认真回忆一次成功克服隐瞒心理的过程：

2. 发誓要自学英语，可是几天以后情况就变了

情景再现

13 岁的小琴上初一了，她的表哥以优异的成绩被外国大学录取了。表哥的英语好，考试得了满分。小琴很羡慕表哥的英语成绩，多次向妈妈和爸爸表决心要学好英语，赶上哥哥，将来也出国读书。为了学好英语，小琴买来磁带、VCD 光盘和英语书，把自己关进屋里。妈妈和爸爸看见小琴的决心这么大，很高兴。可是没有几天，妈妈与爸爸就发现小琴在屋子里不学英语了，把英语书、磁带和 VCD 光盘收起来了，只是躺在床上睡觉了。妈妈和爸爸叫醒小琴，问她为什么不学英语了，小琴摇头说：“英语太难了，不想学了。”这样的情况反复了好几次，妈妈和爸爸一点办法也没有。

妈妈感到小琴缺乏毅力，主动来到学校，请心理老师帮忙解决小琴缺乏毅力的问题。

心理导航

心理老师采取诱导法，让小琴开了口。原来，小琴自学了一段时间的英语以后，感到越学越难，单词记不牢固，发音也不准确，觉得没有信心了，最后干脆就放弃了。特别是根本听不到妈妈和爸爸的表扬，都是讽刺挖苦的话，更没有信心学英语了。

心理老师认为：小琴对学英语有了畏难情绪，意志薄弱心理突出，需要科学引导和教育。

漫画的启示

心理老师找来一组漫画给小琴看，内容是：蜗牛和乌龟爬山，洪水要来了，眼看着就要淹没山谷了。蜗牛和乌龟拼命往山上爬，越爬山坡越陡，越爬太阳光越火辣，越爬呼吸越困难。蜗牛回头看着洪水涨势汹涌，把头缩进壳子里，睡着了。小鸟飞来，大声说：“蜗牛别睡觉了，赶快爬，洪水又上涨了。”蜗牛说自己太累了，再睡一会。乌龟全身冒汗，使出全力，终于爬上山顶，回头找蜗牛，发现他早被洪水淹没了。乌龟看着山坡下的洪水，感叹说：“蜗牛啊，你为什么不坚持一下呢？洪水好狠毒啊，蜗牛，你的命好苦啊！”小鸟飞来了，叽叽喳喳地说：“洪水不狠毒，蜗牛的命也不苦，是蜗牛意志薄弱。”小琴看完了这组漫画，感到很惭愧，表示不做蜗牛，要向乌龟学习，坚持到底。

认识意志薄弱

心理老师认真讲解了意志薄弱心理，使小琴知道了意志薄弱心理就是空立志，就是有了前进的目标后，不能克服困难，不能坚持到底，半途而废。意志薄弱的同学往往缺乏大志，没有主见，自信心差，见异思迁，受外界影响很大，给学习和工作带来消极影响。特别是遇到困难以后，不是想方设法克服，而是找借口退缩，或干脆屈从于困难，让人瞧不起，有时自己也瞧不起自己。如果不加以克服，容易使人丧失前进的动力。贪图舒适，得过且过，最终不会有大的作为。

解放军的故事

心理老师给小琴拿出一本《向解放军叔叔学习》的书，讲了其中的两个感人故事。第一个故事是：解放军某部军人李志军，在一次施工中主动去执行排险任务，不料哑炮爆炸，导致他全身百余处伤口，鲜血染红了大半身，双目也失明了。出院后，本来他可以安心休养，过上安稳、宁静的生活，但是他却认为人身残固然痛苦，但最可怕的还是精神垮掉，伤残人员只要意志坚强，发奋努力，照样能有所作为。于是他开始学习按摩技术，克服了重重困难，终于学业有成。他把学到的按摩技术用于为人民服务之中，对待患者像亲人一样，没有节假日，经常超负荷劳动，给患者解除了病痛，受到了群众的高度赞誉。他用自己的行动，证明了自己的坚强意志，实现了一个人的价值。第二个故事是：滑冰运动员叶乔波，她把祖国的荣誉看得比个人的青春还宝贵。1994 年的冬奥会上，她的左腿膝盖软骨多处破碎，髌骨错位，韧带断裂，但是为了祖国的荣誉，她以顽强的意志坚持走上赛场，忍着刀割似的疼痛，夺得了女子 1000 米速滑铜牌，这是用生命铸就的奥运奖牌，是中国代表团开赛 10 天后的第一枚奖牌。她的意志激励着同伴，为后人留下了催人奋进的“叶乔波精神”。

这两个故事感动了小琴，小琴当即表示要树立远大目标，持之以恒地把英语学习好。

处处张贴标语

为了让小琴立长志，心理老师建议小琴写几条标语，标语内容是：持之以恒，才能实现远大理想；常立志，不如立长志；嘴上说的，不如实际做的。小琴把标语张贴在房间里的明显之处，每天大声朗读几遍，起到了意想不到的激励效果。

经过心理老师的干预，小琴明白了立长志的道理和意义，重新制订了英语学习计划，进步很快。

心理专家对老师的忠告

要有意识地锻炼学生，培养学生独立完成作业的能力。要适时地给学生鼓励，增强学生的自信心。要引导学生摆脱依赖，勇于实践。要告诉学生，坚定的意志极其重要，是成功的重要保证，是实现远大理想的航标，所以要有意识地磨炼自己的意志，在风雨中锻炼自己。

心理专家对家长的忠告

家长在帮助孩子克服意志薄弱的问题上有着直接的义务，绝对不能推卸，更不能听天由命，任其发展。一是要给孩子单独锻炼的机会，减少孩子的依赖性，教育孩子自己解决问题，自己面对挫折，遇事多动脑筋，掌握科学分析问题的方法。二是多激励孩子，以真情感动孩子，让孩子在你的身上找到自信，学到应对困难的方法。三是经常给孩子灌输具备顽强意志的重要性，给孩子讲英雄人物的成长经历，带孩子参观英雄人物的展览，使孩子的思想深处产生学英雄、当英雄的想法，激起孩子战胜困难的勇气。

心理专家对初中生的忠告

坚强的意志不是天生就有的，是靠后天不断磨炼、摔打而逐渐形成的。明白了这个道理以后，就要给自己定下远大且正确的目标，并且要咬定青山不放松，一直坚持下去，知难而进，越是艰险越向前。另外，还要有自制力，努力控制自己的情绪，约束自己的言行，不为利所动，不为私而变。如果感到困难很大，无法克服，要及时向老师、家长倾诉，得到他们的帮助和支持。

认真回忆一次成功克服意志薄弱的过程：

胆小怕事心理与痴迷听音乐

1. 总被同学欺负

情景再现

上初一的小刚平时不爱说话，胆子也比较小，属于不爱招惹是非的孩子。不知道为什么，有一天一整天小刚都没有来上学，第二天上午还没有来上学，老师立刻给小刚的妈妈打电话询问。

小刚的妈妈很吃惊，对老师说小刚昨天早晨正常上学了，晚上正常回家了，今天早晨也背着书包上学了呀，而且是与自己一起出门的。老师与小刚的妈妈感到很意外，立刻在学校周围寻找。结果在一个街心花园里发现了小刚的书包，同时在草地另一头，找到了正在玩蚂蚱的小刚。看到妈妈与老师，小刚扭头就跑，被老师和妈妈追了回来，小刚流着眼泪，却什么话也不说。

老师和妈妈担心小刚出事，立刻把学校的心理老师请来，帮助解决问题。

心理导航

心理老师给小刚喝了一杯热咖啡，与小刚一起听了会儿音乐，小刚心情逐渐放松了，开口说出了事情的原委。原来，前不久，小刚得罪了班里的“小头目”，“小头目”纠集几个经常打架的同学故意找茬欺负小刚，天天“折腾”小刚，还威胁说不能告诉老师和家长，如果告状了，没有好果子吃。小刚有几次鼻子、嘴角还被打流血了，也不敢吭声。由于害怕被“小头目”欺负，这两天就不敢上学了。

心理老师认为：小刚被同学“小头目”欺负，由于胆子小，害怕招惹更大的是非，忍气吞声，需要及时帮助和引导。

善意地指出其错误

心理老师语重心长地与小刚交谈起来，善意地指出他有三点错误。一是被同学欺负后，没有及时告诉老师来解决问题。二是受到同学的威胁后，自己忍受着痛苦，没有告诉家长，也没有采取正确的解决办法。三是擅自逃学，使自己处于危险的环境之中。小刚认识到了自己的错误，表示要改正。

从根本上解决问题

心理老师与小刚的班主任老师交换意见，班主任老师知道事情的真相以后，及时安慰小刚，严肃批评了“小头目”与其他几个欺负小刚的同学。“小头目”与其他几个同学立刻向小刚道歉，还写了保证书，表示以后一定坚决改正，团结友爱，不欺负任何同学了。小刚看见同学的检查和认错态度，心情轻松了，表示马上去上课，不再逃课了。

班主任老师的帮助与教育

班主任老师很关心小刚，利用中午的时间主动与小刚谈心，告诉小刚遇到同学欺负以后的做法。第一，及时告诉老师，使问题得到公正的解决。把被同学欺负的原因、时间与地点向老师说清楚。如果是自己的错误，或者责任在自己一方，要主动向同学道歉；如果是同学的问题，老师会批评同学，帮助你与同学改善关系。不能隐瞒实情，自己承受着痛苦；更不能随意逃学，在社会上闲逛，埋下祸端。第二，不能与同学打架，和平解决。如果被同学欺负，要以理服人，找个合适的场合，与发生矛盾的同学好好谈谈，把问题说开，什么事也就没有了。另外，千万不能干出傻事来，花钱找“社会”上的人来替你报仇，触犯法律。第三，要向家长说明情况，寻求帮助。自己总是被同学欺负，不要害怕同学的威胁语言，要立刻告诉家长，不能隐瞒，也不能担心家长会批评你，多数家长会采取正确的办法帮助你把问题解决好的。

“团结、友谊”班队会

班主任把班干部召集起来，商量创建文明班风的措施。经过讨论，班委决定开展“团结、友谊”班队会，制作了内容丰富的黑板报，成立了“一帮一”小组，广泛开展谈心活动。为了锻炼小刚，老师和班干部给小刚更多的锻炼机会，让小刚担任主角，鼓励他多发言、多参与、多出点子。由于表现积极，小刚在同学中有了威信，胆子逐渐大了起来。

经过心理老师的干预，通过大家的积极帮助，小刚的问题解决了，再也没有出现逃学问题了，现在能主动与老师说心里话，主动与家长讨论问题了，自信而且很快乐地成长。

心理专家对老师的忠告

发现学生胆小怕事以后，要主动与同学交流，解除学生的后顾之忧，给学生鼓气。要鼓励学生讲真话，敢于说话。要给同学锻炼的机会，肯定学生讲真话的好处。要树立正气，形成良好的班风。

心理专家对家长的忠告

家长发现孩子胆小怕事时，应该耐心了解孩子的内心情况，帮助孩子解决棘手的问题。要给孩子讲一些英雄人物的故事，激励孩子。要适当地给孩子讲一些法律知识，让孩子学会用法律武器保护自己。

心理专家对初中生的忠告

当自己被人欺负以后，向家长说明情况时，不能夸大其词，一是一，二是二，要向家长提供真实情况，以免造成家长过于激动，找欺负你的人算账，使矛盾更加复杂，发生意外情况。要培养自己的胆量和勇气，要相信老师、家长和同学，明白人与人是平等的，是有法律保护的，什么也不要怕。要主动参加集体活动，在集体中锻炼自己。

认真回忆一次成功克服胆小怕事的过程：

2. 边听音乐，边看书学习

情景再现

晓晓上初二了，学习成绩在班里一直处于下游。晓晓特别喜欢听流行音乐，家里的耳机有十几个。晓晓上下学的路上、坐公交车时、学习时、睡觉时都戴着耳机听流行音乐，甚至上厕所也听。妈妈多次嘱咐她不要戴耳机听流行音乐，专心学习，她根本听不进去。期中考试快到了，晓晓在看书学习时，戴着耳机听流行音乐，摇晃着脑袋。吃饭了，妈妈叫她吃饭，喊了她十几声，她没有任何反应，妈妈生气了，冲进她的房间，问她为什么不回答，晓晓还是没有任何反应。妈妈看着晓晓发呆的样子，立刻意识到晓晓可能耳朵出了问题，便马上带她去医院。医生经过认真检查，诊断晓晓为暂时性听力损失。医生嘱咐晓晓在治疗期间千万不要再戴耳机听流行音乐了，否则会发生不可逆转的听力下降。

晓晓回家以后，耐不住寂寞，又悄悄戴耳机听流行音乐了，妈妈狠狠地批评了她一顿，同时请来心理专家帮助。

心理导航

心理专家采取引导交谈法，由音乐的话题开始，把晓晓的话匣子打开了。原来，升入初二以后，班里的几个喜欢听流行音乐的女生私下成立了音乐小组，她是小组长，为了得到同学的尊重，晓晓就拼命听音乐，知道、了解的音乐多、歌手多，同学们才信服她。所以，晓晓养成了不戴耳机听流行音乐就难受的毛病。

心理老师认为：晓晓为了让同学信服，养成了戴耳机听流行音乐的毛病，严重影响了身体健康，降低了学习效率，需要认真帮助和科学引导。

医生的警告

心理老师请来耳鼻喉科的医生，医生拿出耳朵的挂图，认真给晓晓讲解了耳朵的结构，使晓晓明白了耳朵就像敏感的、高精度的传感仪，任何一部分出了问题，对听力都会有影响，严重时还会造成耳聋。强烈的声音、持久性的震荡和刺激，如爆竹声、雷电声、意外爆炸声和高分贝的耳机声，可能会造成听觉神经损伤。想一想，生活中听不到爸爸和妈妈的声音，听不见老师、同学的关爱之话，无声的世界是多么的寂寞啊！所以，保护好自己的耳朵很重要，要科学使用耳机，千万不要图一时的快乐导致耳朵变聋。医生又认真地给晓晓讲了我国耳聋人群的分布、年龄特点及学生听力下降与耳机的关系，使晓晓深刻认识到了戴耳机听音乐过多影响耳朵健康的问题，有了悔改之意。

与大学生的谈话

心理专家请来几个大学生与晓晓交谈，谈论流行音乐、流行歌手、经典音乐。晓晓与大学生们没有距离，越谈越亲密，最后大学生们说初中学生在学习时，就要集中精力，不能边看书边听音乐，一心二用是看书学习的大忌。戴耳机听音乐，声音大、持续时间长，对听神经伤害最大，严重时会造成永久性的伤害，要自觉远离。

听了大学生的话，晓晓深受教育。

音乐小组同学的改变

心理专家与晓晓的班主任老师交换意见，希望老师与音乐小组的同学谈话，一起帮助晓晓克服戴耳机的问题。老师与音乐小组的同学交谈，把晓晓耳聋的情况详细地讲给同学听，建议同学劝晓晓不要戴耳机，要听医生的话，积极配合医生治疗耳朵。音乐小组的同学很关心晓晓，知道晓晓的情况后，买来鲜花，制作了慰问卡和千纸鹤，主动来看望晓晓，同时善意地提醒晓晓不要再戴耳机了，音乐小组的同学也都不戴耳机了。现在应该吸取教训，专心学习，身体健康最重要。音乐小组解散了，成立读书、学习、讨论小组，每天在一起读书、学习，共同进步。

老师的鼓励

班主任老师很关心晓晓，经常与晓晓谈心，告诉晓晓流行音乐不是不能听，但要有节制地听，不能把戴耳机听流行音乐当成主业，要安全治疗，等耳朵彻底恢复以后，再根据医生的建议听音乐。同时，把晓晓领进学校图书馆，找出几本英雄人物的传记，给晓晓讲人生、讲理想、讲追求、讲自律，激励晓晓把精力放在学习上，不要在宝贵的初中阶段让流行音乐占去大部分时间。晓晓的作业老师都认真批注，还写上几句鼓励的话，使晓晓受到极大的鼓励。

警示语很重要

心理专家与晓晓一起写了几个警示语，内容是：远离耳机，保护耳朵；无声的世界，很寂寞；人要学会自律；保护耳朵，就是珍爱生命；声音是美妙的……

晓晓把这些警示语贴在墙壁上、窗户上、卫生间的镜子上、门上，早上上学看，下午放学看，睡觉前看，写作业时也看，起到了激励作用。

经过心理专家的干预，通过老师和同学的热情帮助，晓晓远离了耳机。现在，耳朵的听力彻底恢复了，学习很刻苦，心态也非常乐观。

心理专家对老师的忠告

发现学生痴迷戴耳机听音乐时，不要生硬地批评，更不能强行没收，应该耐心地讲科学道理，让学生知道健康的重要性。要创造积极向上的班集体环境，让学生的精力转移到学习、团结、友谊、读书和讨论上来。要主动与学生谈心，了解学生的心里秘密。

心理专家对家长的忠告

家长不要戴耳机听音乐成瘾，要给孩子做好榜样。家长要经常讲耳朵的健康问题，让孩子知道保护耳朵的重要性。要及时制止孩子长时间戴耳机听音乐的毛病。要及时与老师交换意见，了解孩子在学校的情况。

心理专家对初中生的忠告

长时间戴耳机听音乐会损伤听力，要科学使用耳机。耳机的声音大小，戴耳机的时间长短，都要认真对待，不能随心所欲，以免伤害身体。要学会克制，不能固执。要把学习放在第一位，不能荒废学业。

认真回忆一次成功克服痴迷戴耳机听音乐的过程：

网恋与单相思

1. 成立了“家庭”，开始过“家庭生活”了

情景再现

15 岁的洽洽是个很文静的孩子，进入初三以后，学习很紧张，考试也多，可是也不知道为什么，洽洽最近不问学习问题了，总向妈妈问怀孕、抚养孩子、下厨房做饭的事情，甚至还问性问题，闹得妈妈莫名其妙。有一天半夜，妈妈都睡着了，洽洽走进妈妈的房间问孩子不吃奶该怎么办？妈妈感到莫名其妙，感到洽洽情况反常。第二天，妈妈来到学校，向班主任老师问情况，班主任老师说洽洽最近很神秘，学习不怎么上心了，经常一个人发呆，考试成绩也下降很快。妈妈把洽洽在家的情况告诉了班主任老师，班主任老师也感到情况不对，就把心理老师找来帮忙。

心理导航

心理老师利用感情疏导法与洽洽交谈起来，知道了事情的原委。原来，洽洽的父母离婚了，妈妈工作忙，下班应酬又多，很晚才回家。爸爸又结婚了，不怎么与她联系了。平时大数时间只有自己在家，感到很无聊、很空虚，总希望有一个人陪伴自己。一次上网查资料，正好遇到了一个叫“陪伴”的网友找伴侣，谈话中被“陪伴”给迷住了，觉得“陪伴”有学问、有涵养，还能帮助她解答作业问题，真是相见恨晚，最后竟然答应“陪伴”的求爱，在网上“以身相许”，给“陪伴”做网上“太太”。一次，因为没有给“陪伴”“泡茶喝”，“陪伴”竟然提出要与她“离婚”，洽洽痛苦不堪，伤心至极，准备割手腕自杀。好在“陪伴”原谅了她，她才没有干傻事。现在，她脑子几乎被“陪伴”控制了，对学习已经没有了兴趣。

严肃批评教育

心理老师没有回避洽洽的问题，而是单刀直入，指出洽洽的问题。一是洽洽没有警惕性，放松学习，放松对自己的要求，与网友成立“家庭”；二是精神空虚，陷入网友设计的爱情圈套，掉进了虚幻的陷阱；三是没有把真相及时告诉家长和老师，致使自己越陷越深，不能自拔；四是不珍惜生命，鲁莽地想自杀。洽洽点头承认了自己的问题，感到后悔了。

认清危害

心理老师讲了一个因为网恋而发生的惨痛事件。一个初中男生与一个叫“年轻的白天鹅”的网友交谈了一会，感觉“年轻的白天鹅”很温柔，决定网上恋爱。在网恋的过程中，被“年轻的白天鹅”牵着鼻子走，最终在“年轻的白天鹅”的唆使下成了抢劫犯。后来，经过公安人员的侦查，终于抓住了“年轻的白天鹅”，原来是个50多岁的男流氓，已经引诱了好几个年轻学生犯罪了。现在，网恋很时尚，很多年轻人追求网恋，甚至在网上成立“家庭”，大家一定要睁大眼睛，看清其本质，认识到网恋的危害与严重后果。网恋能涣散人的意志，能使人性格变异，能使人丧失理智，能使人逐渐走向坠落，变成没有感情的冷血动物。有的学生家庭温暖少，没有控制能力，喜欢幻想，没有精神支柱，在虚幻的世界里找到了寄托以后，会全情投入，造成极其严重的后果。

开展“一帮一，手拉手”活动

洽洽的班主任老师与班干部商量，决定在班里开展“一帮一，手拉手”活动，每对伙伴之间每天要谈话30分钟，互相倾诉，互相鼓励，互相把烦恼说一说。班长与洽洽是“手拉手，一帮一”的伙伴。班长是个热情、开朗、积极向上的人，每天都主动找洽洽交谈30分钟，通过交谈，加深了同学之间的感情，弥补了寂寞与无聊，思想和认知水平提高很快。由于交谈双方要说话，洽洽由腼腆变得开朗了，每天脸上都有甜蜜的笑容。

加强学习，提高明辨是非的能力

心理老师把洽洽带进学校的图书馆，拿出一些有意义的书交给洽洽，告诉洽洽平时要多读书，提高分析问题的能力，学会思考，应该知道自己该干什么，不该干什么，什么事情坚决不能干。要向伟人、英雄和先进人物学习，多了解中华民族的发展历史，自觉继承中华民族的传统美德，净化自己的心灵。千万不要使自己精神空虚，要自觉抵制不良思想的侵蚀，把精力放在正经的地方，加大学习的力度。

当机立断，立刻停止联系

洽洽问心理老师现在自己该怎么办，心理老师认真地说，遇到网友提出“成家”的问题后，特别是现在已经有网恋成家的事实，没有什么好犹豫的，快刀斩乱麻，立刻终止与对方的任何交往，不能再被“感情”牵着走。网上家庭可能是个诱饵，后面可能隐藏着杀机，千万不能为了弥补感情空缺而执迷不悟。如果发现网恋的另一方性质恶劣，有性教唆语言，有引诱犯罪的迹象，有诱引你离家出走的信号，要立刻告诉家长、老师，及时向警察报案，消除隐患。

家庭的温暖

由于洽洽的父母离婚了，洽洽平时很寂寞，感情空虚。心理老师分别与洽洽父母交换意见，建议洽洽的父母及时给洽洽更多的温暖、关爱与快乐。洽洽的父母知道了洽洽的网恋情况后，很吃惊，也很后悔，表示会以积极的行动给洽洽更多的爱。妈妈每天下班就回家，不再在外面应酬了。母女俩一起读书、学习，一起在门口踢沙包、打羽毛球，一起看电视剧，一起搞家务，感情很快就密切起来了。爸爸每个星期都把洽洽接走，到外面活动，到郊区爬山，使洽洽感到了父爱。为了给洽洽更多的关爱，妈妈把洽洽的姥姥接到自己家住，每天姥姥都能陪伴在洽洽身边，让洽洽感到很温暖。

心理专家对老师的忠告

教学中要适当地把青春期教育、人生观教育和网络安全教育穿插进来，让学生擦亮眼睛，明辨是非，正确对待孤独和生理需求，千万不能迷恋网恋。要引导学生多交流，让学生开展谈心活动，敢于倾诉，敢于把心中的烦恼和困惑说出去，让同学、老师帮助想办法，摆脱寂寞与苦闷。

心理专家对家长的忠告

要关心孩子的心理健康，根据孩子的成长特点，适当地给孩子讲一些青春期生理卫生知识、恋爱问题和预防早恋的问题。要严肃地告诉孩子使用网络不当的危害与网恋的严重后果，使孩子远离虚幻的世界，亲近家人。要主动与孩子沟通，及时关心、帮助孩子。

心理专家对初中生的忠告

“网上家庭”是让你进入坟墓的钥匙，后面隐藏着巨大的危险，千万不要热衷网恋，更不能执迷不悟地发展下去。否则会使你精神崩溃，厌恶现实，被现实生活淘汰。遇到危险的网恋情况后，要立刻告诉家长、老师，甚至报警，防止被心怀叵测的人利用。

认真回忆一次成功克服网恋行为的过程：

2. 女家教走了以后

情景再现

勇勇上初二了，非常贪玩，眼看就要上初三了，为了能让孩子考上一个好高中，妈妈决定把他从“玩”中解救出来。于是，妈妈为他请来了一个家庭教师。家庭教师是一位女大学生，人长得很漂亮，辅导功课时，对勇勇特别有耐心。说来也怪，贪玩的勇勇在女大学生面前显得特别有礼貌，学习也非常努力，从不讲究卫生的他，也知道干净了，学习进步很快。

一年以后，中考结束了，勇勇终于以优异的成绩考上了重点高中。妈妈高兴得眉开眼笑，家庭教师也完成使命，离开了勇勇家。自打家庭教师离开后，妈妈发现勇勇的脾气变得特别急躁，卫生也不讲了。高中开学以后，学习也不上心了，成绩平平，天天没精打采的样子，贪玩的老毛病又犯了。

看到勇勇退步这么快，在多次苦口婆心的督促与训斥无效的情况下，妈妈找到了老师，请老师帮助勇勇。

心理导航

责任心强的老师很重视此事，找来心理老师与勇勇单独进行了谈话，从中发现了勇勇的秘密。原来，自打漂亮、温柔的家庭教师走了以后，由于爸爸和妈妈经常不在家，他就感到有一种说不出来的空虚与寂寞，天天期盼着、幻想着家庭教师突然出现在他的写字台前，面对面地与他坐在一起聊天。后来发展到晚上也想，而且勇勇还严重失眠了，越想越急躁，脾气也变得越来越坏，干什么都没有了兴趣。

心理老师认为：由于勇勇的家庭温暖少，加之正值青春期，在漂亮、温柔的家庭女教师出现后，产生了爱慕之心，后来发展到严重的单相思而不能自拔，出现了情感综合征，需要及时疏导和教育。

进行正确的爱情观教育

心理老师并没有马上批评勇勇，而是及时地与勇勇的班主任老师取得联系，并与班主任、家长一起制订了一个治疗方案。班主任老师给同学们详细地讲述了什么是爱情，健康的爱情是什么，青年人应如何对待爱情。告诉学生现阶段的重点是学习，过早地谈爱情是不现实的，也不利于身心健康。

家庭氛围

妈妈和爸爸认识到以前经常外出，无暇照顾孩子，使勇勇一个人产生了孤独感，有了单相思的问题，便科学地计划好时间，调整好家庭生活规律。每天、每周、每月都能根据勇勇的学习紧张程度，安排好家庭生活，爬山、旅游、娱乐、看望老人，形成良好的氛围，使勇勇感到温暖就在身边。

激发兴趣点

因为勇勇喜欢航模，爸爸就经常带他去参观、参与有关航模的展览与比赛，妈妈还利用出差的机会给勇勇带来最新的航模材料，使勇勇的业余生活逐步地充实了起来。后来，由于爸爸和妈妈的支持，勇勇在航模比赛中还获得了大奖，为学校争了光，这使勇勇的自信心大增，没有时间胡思乱想了。

集体活动是一剂良药

老师根据课程紧张程度，还有意识地安排一些课外集体活动，号召同学们都参加。同学们非常喜欢这些活动，勇勇也特别喜欢，还积极准备资料，踊跃参与，经常得到同学与老师的鼓励，使他感到特别的充实，再也没有出现“单相思”的问题了。

心理老师介入后，通过大家共同努力，勇勇受到了教育，给妈妈和爸爸写了一封信，表示要早自立，早成熟，不再想入非非了。

心理专家对老师的忠告

教学中，要关心学生的心理健康，掌握青春期学生的心理特点，采取多种形式，弥补学生的感情空缺。要多组织集体活动，鼓励学生参与，建立朴素的友谊，消除男女同学之间交往的神秘感。要认真开展青春期教育，让学生明白青春期是什么，怎么安全度过。

心理专家对家长的忠告

青春期的学生心理变化比较复杂，对于爱情比较朦胧，特别是独生子女，由于在家庭生活中很少有机会与同龄人交流，比较孤单，没有什么寄托，孤独感强烈，在特定的环境下，容易发生心理问题。家长应该引起高度的重视，在生活上、学习上、兴趣培养上，一定要多留心，注意孩子的表现。要善于发现孩子的内心世界，主动与孩子交流，给孩子创造温暖的学习环境，让孩子感到快乐。要培养孩子的兴趣，引导孩子参加有意义的活动。家长给孩子请家庭教师时，更要注意孩子的心理变化，及时、正确地引导孩子度过“危险的青春期”。

心理专家对初中生的忠告

要多学习，多看有意义的书，提高思想认识。要敞开心扉，不要把想法憋在肚子里。要转移精力，把注意力转移到学习上去。要主动与家长、老师交流思想，得到他们的支持和帮助。

认真回忆一次成功克服单相思的过程：

后记

这本书的完成，得到了资深图书出版人张洪山经理的真诚帮助，特此对其表示衷心感谢。

为了帮助处于青春期的初中学生妥善地解决好心理健康问题，提高心理健康水平，防止极端事件发生，作者从日常生活中选出了数十个有代表性的初中生心理健康问题，通过回顾事件、分析问题、归纳推理、问题疏导，讲解了解决初中学生心理问题的方法、技巧和预防措施，让初中生、家长和老师看了就能明白，能起到有病治病，无病预防的效果。

为了精练文字，通俗易懂，本书在写法上不是很规范，没有完全按照心理专家治疗的程序描述，跳跃性很大，距编辑的要求和广大读者的需求相差较大。由于作者水平有限，书中尚有许多不妥和欠完善的地方，特别是有些心理问题分析和解决的方法并不是很透彻具体，个别的事例也不鲜明，代表性也差，希望读者批评指教。